Alegria no trabalho

MARIE KONDO & SCOTT SONENSHEIN

Alegria no trabalho

TRANSFORME SUA VIDA PROFISSIONAL COM O FOCO,
A ORGANIZAÇÃO E A HARMONIA DA MÁGICA DA ARRUMAÇÃO

Título original: *Joy at Work*

Copyright © 2020 por Marie Kondo/KonMari Media Inc. (KMI)
e Scott Sonenshein
Copyright da tradução © 2022 por GMT Editores Ltda.

Esta edição foi publicada mediante acordo com
Gudovitz & Company Literary Agency e InkWell Management.

Todos os direitos reservados. Nenhuma parte deste livro pode ser utilizada ou reproduzida sob quaisquer meios existentes sem autorização por escrito dos editores.

tradução: Débora Chaves
preparo de originais: Melissa Lopes Leite
revisão: Ana Grillo e Suelen Lopes
diagramação: Valéria Teixeira
capa: Natali Nabekura
imagem de capa: Souun Takeda
impressão e acabamento: Cromosete Gráfica e Editora Ltda.

CIP-BRASIL. CATALOGAÇÃO NA PUBLICAÇÃO
SINDICATO NACIONAL DOS EDITORES DE LIVROS, RJ

K85a

Kondo, Marie, 1984-
Alegria no trabalho / Marie Kondo, Scott Sonenshein ; [tradução Débora Chaves]. - 1. ed. - Rio de Janeiro : Sextante, 2022
240 p. ; 21 cm.

Tradução de: Joy at work
ISBN 978-65-5564-299-5

1. Ambiente de trabalho. 2. Qualidade de vida no trabalho. 3. Profissões -Desenvolvimento. 4. Orientação profissional. 5. Sucesso nos negócios. I. Sonenshein, Scott. II. Chaves, Débora. III. Título.

21-74618   CDD: 658.314
                                CDU: 331.101.3

Camila Donis Hartmann - Bibliotecária - CRB-7/6472

Todos os direitos reservados, no Brasil, por
GMT Editores Ltda.
Rua Voluntários da Pátria, 45 – Gr. 1.404 – Botafogo
22270-000 – Rio de Janeiro – RJ
Tel.: (21) 2538-4100 – Fax: (21) 2286-9244
E-mail: atendimento@sextante.com.br
www.sextante.com.br

A minha família, minha casa
e todas as coisas que me
trazem alegria, com gratidão.
— M. K.

A meus pais: finalmente
aprendi a me organizar!
— S. S.

SUMÁRIO

NOTA AO LEITOR — 11

INTRODUÇÃO — 13

1. POR QUE ARRUMAR AS COISAS? — 18

    Como organizar o espaço de trabalho mudou minha vida — 21

    Por que a organização melhora o desempenho no trabalho — 23

    Os bagunceiros são realmente mais criativos? — 25

    O alto custo da desordem *não física* — 27

    O processo de organizar ajuda você a encontrar seu propósito — 30

2. SE VOCÊ COSTUMA TER RECAÍDAS — 33

    Imagine uma rotina de trabalho ideal — 36

    Arrume tudo de uma só vez para nunca mais ter recaídas — 41

    Escolhendo o que manter — 44

    O melhor momento é o que favorece a concentração — 48

    Que comece a maratona de arrumação! — 51

3. ORGANIZANDO O ESPAÇO DE TRABALHO — 54

    Livros: Identifique o valor deles por meio da organização — 56

    Papéis: A regra básica é descartar tudo — 60

Classifique a *komono* em subcategorias	68
Itens de valor sentimental	74
Armazenamento nas gavetas	75
Como a organização pode transformar sua vida	78
A experiência transformadora de Mifuyu	79
Organizando os aspectos físicos e não físicos do espaço de trabalho	83

4. ORGANIZANDO O TRABALHO DIGITAL — 85

Crie poucas pastas para seus documentos digitais	87
A área de trabalho deve trazer alegria	90
Não deixe que os e-mails atrapalhem seu trabalho	93
Menos aplicativos no celular = menos distrações	100

5. ORGANIZANDO O TEMPO — 105

A desordem nos objetivos prejudica a produtividade	108
A armadilha do *overearning*	109
A armadilha da urgência	111
A armadilha da multitarefa	113
Crie uma pilha de tarefas para descobrir qual é de fato seu trabalho	115
Avalie suas tarefas para tornar o trabalho mais satisfatório	117
Não se apresse em dizer sim	121
Acrescente algo prazeroso ao seu dia	122
Deixe um espaço em branco na agenda	123

6. ORGANIZANDO AS DECISÕES — 125

A maioria das decisões de baixo risco não merece seu tempo e sua energia	128
Crie uma pilha de decisões de alto e médio risco	130

Analise sua pilha de decisões — 130

Organize as escolhas: mais opções nem sempre são uma vantagem — 134

Bom o bastante é o suficiente para a maior parte das decisões — 135

7. ORGANIZANDO A REDE DE CONTATOS — 137

Qual deve ser o tamanho da sua rede de contatos? — 139

Avalie seus contatos para identificar os relacionamentos que trazem alegria — 144

Saiba criar conexões de alta qualidade — 146

8. ORGANIZANDO AS REUNIÕES — 150

Imagine a reunião ideal — 152

Concentre suas reuniões — 153

Separe as reuniões desorganizadas das irrelevantes — 154

Participar de muitas reuniões não o torna importante — 157

Qualquer pessoa pode trazer mais alegria a uma reunião — 158

Lidere uma reunião organizada — 160

9. ORGANIZANDO AS EQUIPES — 165

Visualize sua equipe ideal — 168

Crie uma pilha de equipes — 169

Avalie sua pilha de equipes — 171

Não crie problemas para seus colegas — 172

A confiança mantém as equipes organizadas — 173

Discordâncias nem sempre criam conflitos — 174

Resolva os conflitos pessoais — 176

Equipes grandes costumam ser muito desorganizadas — 177

10. COMPARTILHANDO A MÁGICA DA ARRUMAÇÃO · 181

Deixe que sua organização seja uma inspiração para os outros · 182

Demonstre que você se importa com seu local de trabalho · 184

Valorize seus colegas · 185

11. COMO DESPERTAR AINDA MAIS ALEGRIA NO TRABALHO · 189

Cuidar do que usamos melhora o desempenho · 189

Trazendo mais alegria ao local de trabalho · 192

E se o seu emprego atual não lhe traz alegria? · 195

Saboreie o processo de criar uma vida profissional feliz · 198

Quando o medo da opinião dos outros atrapalha · 201

Arranje tempo para uma autoanálise honesta · 204

Maneiras de organizar o trabalho a dois · 206

Seu trabalho e sua vida são a soma de suas escolhas · 209

Mantendo o equilíbrio desejado entre vida pessoal e profissional · 212

A alegria no trabalho deixa a vida mais alegre · 215

AGRADECIMENTOS DE MARIE · 218

AGRADECIMENTOS DE SCOTT · 221

NOTAS · 223

SOBRE OS AUTORES · 238

NOTA AO LEITOR

Embora os autores tenham colaborado com todo o conteúdo deste livro, cada um ficou responsável por redigir metade da obra. Marie assina a Introdução e os Capítulos 1, 2, 3 e 11. Scott assina os Capítulos 4, 5, 6, 7, 8, 9 e 10. Cada capítulo inclui ainda um ou mais quadros com a opinião do autor que não assina o capítulo em questão.

As histórias e os exemplos apresentados foram vividos por personagens reais. Em alguns casos, os nomes foram alterados por questões de privacidade ou para facilitar a leitura.

INTRODUÇÃO

- Sua mesa está sempre abarrotada de papéis? Quando você precisa de um documento importante, perde um tempão tentando encontrá-lo no meio da bagunça?
- Você tem sempre e-mails pendentes, apesar de checar com frequência a caixa de entrada?
- Sua agenda está cheia de compromissos envolvendo pessoas com as quais você preferiria não se relacionar?
- Você segue trabalhando dessa forma todos os dias porque esqueceu quais eram suas verdadeiras aspirações?
- Tem dificuldade em tomar decisões?
- Já se perguntou se a vida se resume a riscar itens da lista de tarefas? Será que existe uma maneira efetiva de colocar em ordem seu trabalho, sua carreira, sua vida?

Se você se identificou com alguma dessas situações, aqui está a solução: organize-se!

Este livro não aborda apenas a organização do seu espaço de trabalho. Ele trata também do desafio de colocar em ordem os aspectos não físicos do seu trabalho, incluindo os dados digitais, a agenda, a tomada de decisão e as redes de contatos, além de ensinar como trazer alegria para sua carreira.

É comum ver profissionais se sentirem derrotados diante da mera sugestão de se organizar melhor. "Não tenho tempo para isso. Já sou ocupado demais", protestam. "Preciso tomar muitas decisões antes de conseguir pensar em arrumar as coisas", dizem outros. E há os que alegam: "Já tentei fazer isso. Organizei todos os meus documentos, e agora eles estão uma bagunça tudo de novo."

Muitas pessoas acreditam ser *impossível* ter alegria no trabalho. "Fico preso em reuniões inúteis o dia inteiro. Organizar as coisas não vai alterar isso", declaram. "Além do mais, a maior parte das coisas não está sob minha responsabilidade. Não tenho como fazer mudanças." Na verdade, com uma organização adequada, é possível, sim, ter alegria no trabalho.

Sou fascinada por arrumação desde os 5 anos. Me aprofundei nesse assunto durante todo o período escolar e dei os primeiros passos como consultora de arrumação quando tinha 19 anos, ainda na universidade. O Método KonMari surgiu a partir das minhas experiências ensinando as pessoas a se organizarem.

Meu método tem duas características marcantes: é simples mas eficaz, garantindo que você nunca se desorganize novamente; e usa um critério de seleção único: escolher o que lhe traz alegria. Quando nos perguntamos *Isso me traz alegria?*, nos reconectamos com nosso eu interior e descobrimos o que consideramos realmente importante. O resultado é uma mudança comportamental que coloca todos os aspectos da vida num caminho positivo.

Apresentei esse método no livro *A mágica da arrumação*, que foi traduzido para 40 idiomas e já vendeu mais de 12 milhões de exemplares. Nos últimos anos, eu me dediquei a compartilhar meu método mundo afora e notei que uma pergunta sempre se repetia: como organizar o espaço de trabalho e trazer alegria à vida profissional?

Muita gente me vê como especialista em arrumar casas, não como alguém com conhecimento em organização do local de trabalho, muito menos em desenvolvimento profissional. No entanto, quando trabalhei para uma empresa japonesa, eu passava a maior parte do meu tempo livre ensinando executivos a organizarem seus escritórios. Até mesmo meus colegas de trabalho começaram a me pedir orientação. Fiquei tão ocupada com essas aulas que acabei decidindo pedir demissão para iniciar minha carreira como consultora independente.

Hoje tenho uma equipe de consultores habilitados que dão aulas e palestras sobre organização do espaço de trabalho usando o Método KonMari. Eles compartilham entre si os conhecimentos e a experiência que adquirem e adaptam o conteúdo conforme a necessidade de cada cliente. Nesse processo, ficou claro o poder que um escritório organizado exerce na capacidade de melhorar nosso desempenho e aumentar nossa alegria.

Por exemplo, nossos clientes relataram que organizar o trabalho aumentou suas vendas em até 20%, incrementou sua eficiência a ponto de eles poderem encerrar o expediente duas horas mais cedo e os ajudou a reavaliar o significado do trabalho, reavivando a paixão pelo que faziam. Recebemos incontáveis testemunhos de como a arrumação melhora a vida profissional, em termos tanto materiais quanto psicológicos.

Da mesma forma que arrumar a casa traz alegria para nossa vida pessoal, arrumar o escritório traz alegria para o trabalho, nos ajudando a ficar mais organizados e, com isso, alcançar melhores resultados. Neste livro, vamos ensinar os segredos desse processo.

Obviamente, nem tudo no trabalho pode ser analisado com base no que traz ou não alegria. Há normas da empresa que devem ser seguidas, chefes cujas decisões afetam nosso trabalho e colegas com quem colaboramos. Logo, arrumar o espaço físico não basta para alcançar o alto desempenho em nossas funções no trabalho. Só podemos trazer alegria ao trabalho quando organizamos cada aspecto dele, inclusive e-mails, arquivos digitais, tarefas e reuniões.

É aí que entra o coautor deste livro, Scott. Como psicólogo organizacional e professor de Administração da Universidade Rice, Scott está na vanguarda da pesquisa sobre como fazer as carreiras serem mais compensadoras e prazerosas. Seu trabalho abrange uma vasta gama de assuntos, desde como alcançar uma vida profissional mais positiva e significativa até como ser mais eficaz e produtivo e resolver problemas nos negócios. Baseado nos resultados dessa pesquisa, seu bem-sucedido livro, *O poder do menos: O segredo da alta produtividade*, mostra como obter sucesso e satisfação no trabalho aproveitando melhor o que já temos, sejam competências, conhecimentos ou ferramentas. Tudo isso o torna um dos principais especialistas em trazer alegria ao trabalho.

Ao longo deste livro, Scott apresenta pesquisas científicas pioneiras e achados essenciais sobre organização, além de dicas práticas sobre como ordenar os aspectos não físicos do trabalho.

No Capítulo 1, apresentamos dados relacionados à arrumação e exemplos bem-sucedidos de mudança de vida que certamente deixarão você motivado. Os Capítulos 2 e 3 ensinam a arrumar seu espaço de trabalho. Do Capítulo 4 até o 9 abordamos a organização dos dados digitais, da agenda, das decisões, das redes de contatos, das reuniões e das equipes. O Capítulo 10 mostra como multiplicar o efeito da organização em toda a empresa. O último capítulo dá um passo além no contexto da organização, sugerindo ações para você tornar seu cotidiano profissional ainda mais satisfatório e explicando o tipo de mentalidade e abordagem que proporciona uma carreira feliz. Esse capítulo inclui histórias que eu mesma vivi e propõe uma reflexão sobre como trazer mais alegria para sua vida profissional.

Esperamos que este livro seja a ferramenta que faltava para você alcançar a realização e a felicidade no trabalho.

CAPÍTULO 1

POR QUE ARRUMAR AS COISAS?

Qual é o cenário que recebe você no escritório na segunda-feira de manhã?

Para muitos, é uma mesa coberta de coisas, coisas e mais coisas. Pilhas de documentos, clipes de papel espalhados, envelopes ainda fechados que chegaram sabe-se lá quando, livros não lidos e um monitor cheio de post-its. Embaixo da mesa, sacolas de brindes promocionais. Tenho certeza de que a maioria das pessoas dá um suspiro de desânimo diante dessa visão e se pergunta como conseguirá produzir numa mesa tão bagunçada.

Aki é assistente administrativa numa imobiliária e sofria com o espaço de trabalho desorganizado. Mesmo tendo uma mesa pequena (com a largura de seus braços abertos e apenas três gavetas), ela nunca conseguia encontrar nada. Antes de se dirigir a uma reunião, sempre se via procurando freneticamente os óculos, a caneta ou uma pasta e não raro precisava imprimir outra vez os documentos que não conseguia achar.

Muitas vezes Aki não aguentava mais e resolvia organizar a mesa, mas, quando chegava ao fim do expediente, estava muito cansada, então empilhava num canto os documentos que havia usado naquele dia e ia embora para casa. É claro que no dia seguinte ela tinha que vasculhar a pilha em busca dos materiais necessários para suas tarefas. Quando enfim começava a trabalhar, já estava sem energia. "Sentar àquela mesa bagunçada me deprimia", contou ela. E havia mesmo uma razão para que se sentisse assim.

Diversos estudos mostram que a desordem nos cobra um preço bem mais alto do que imaginamos, e de várias maneiras. Numa pesquisa realizada com mil trabalhadores americanos adultos, 90% deles relataram que a desorganização tinha um impacto negativo em sua vida.[1] Entre as principais razões apresentadas estava a queda na produtividade, na disposição, na motivação e na sensação de bem-estar.

A desorganização também provoca efeitos adversos na saúde. Segundo um estudo realizado por cientistas da Universidade da Califórnia (Los Angeles), estar cercado por muitos objetos aumenta o nível de cortisol,[2] o principal hormônio do estresse. Níveis de cortisol cronicamente elevados podem nos deixar mais suscetíveis a depressão, insônia e outros transtornos mentais, assim como a doenças físicas relacionadas ao estresse, como cardiopatias, hipertensão e diabetes.

Além disso, uma pesquisa recente da área da psicologia mostrou que um ambiente desorganizado sobrecarrega o cérebro.[3] Quando cercado por bagunça, nosso cérebro fica tão ocupado registrando todos os objetos ao redor que não conseguimos nos concentrar no que precisamos fazer naquele momento, como, por exemplo, concluir as tarefas acumuladas ou nos comunicar. Nos sentimos distraídos, estressados e ansiosos, e nossa capacidade de tomar decisões fica prejudicada. A desorganização parece ser um ímã para a angústia. Na realidade, os dados evidenciam que pessoas como eu, que ficam animadas diante de um ambiente bagunçado por mal poderem esperar para arrumá-lo, são a exceção.

Mas não são apenas os indivíduos que saem perdendo. A desorganização também é péssima para os negócios. Você já passou horas à procura de algo no seu espaço de trabalho? Ou chegou de fato a perder alguma coisa? Quase metade das pessoas que trabalha em escritórios relata o extravio de algum item relacionado ao trabalho[4] – de arquivos a calculadoras, dispositivos de armazenamento, pastas, notebooks e celulares.

A substituição dos itens perdidos não representa apenas prejuízo financeiro, mas também estresse emocional, além de criar um desperdício que prejudica o meio ambiente. A perda mais importante, porém, é o tempo gasto procurando o que se perdeu. Os dados indicam que a busca por itens extraviados acrescenta em média uma semana de trabalho por ano por funcionário. Num período de quatro anos, isso equivale a um mês inteiro. Só nos Estados Unidos essa perda de produtividade, quando convertida em termos financeiros, chega a 89 bilhões de dólares por ano. Isso é mais que o dobro do lucro somado das cinco maiores corporações do mundo.

Os números são impressionantes, porém traduzem a realidade. Os efeitos da desorganização podem ser devastadores, mas não se desespere. Todos esses problemas podem ser resolvidos com uma boa arrumação.

Como organizar o espaço de trabalho mudou minha vida

Depois que me formei na universidade, consegui um emprego no departamento de vendas corporativas de uma agência de recursos humanos. Minha euforia em ingressar no mercado de trabalho, no entanto, durou pouco. É normal que pessoas recém-formadas tenham dificuldade no início da carreira, mas meu desempenho como vendedora parecia nunca melhorar. Das 15 pessoas contratadas naquele ano, eu fiquei sempre entre as três últimas.

Eu chegava cedo ao escritório, passava horas ao telefone tentando marcar visitas a clientes potenciais, comparecia aos compromissos que conseguia marcar e, nesse meio-tempo, fazia listas com mais clientes potenciais. Na hora do almoço, comia rapidamente um prato de macarrão num restaurante localizado no prédio da empresa, voltava para a mesa e começava a preparar os materiais. A sensação era a de que trabalhava o tempo todo e mesmo assim nunca avançava.

Um dia, depois de mais uma rodada desanimadora de ligações, coloquei o telefone no gancho e baixei a cabeça. Olhando, triste, para minha mesa, percebi que estava rodeada por uma enorme bagunça. Espalhados ao redor do teclado do computador estavam pilhas de listas de vendas antigas, um contrato inacabado, um copo descartável com resto de chá, o saquinho do chá, uma garrafa ainda com água da semana anterior, papéis com as dicas de vendas que meus colegas me davam, um livro de negócios que alguém havia recomendado mas eu não tinha lido, uma caneta sem tampa, um grampeador que eu planejara usar para organizar alguns papéis...

Eu mal conseguia acreditar no que estava vendo. *Como foi que isso aconteceu?*, me perguntei. Afinal, eu trabalhava como consultora de arrumação desde a universidade. Apesar de confiar em minhas habilidades de organização, o novo emprego me deixou tão ocupada que fiquei sem tempo para fazer consultorias e tinha relaxado até na arrumação da minha casa. Era como se eu tivesse perdido contato com a minha essência. Não era de admirar que não estivesse me saindo bem no trabalho.

Ainda perplexa, cheguei às sete horas da manhã no dia seguinte para arrumar minha mesa de trabalho. Coloquei em prática todo o conhecimento e as técnicas que desenvolvera ao longo dos anos. Em menos de uma hora, estava tudo limpo e organizado. Na mesa, apenas o telefone e o computador.

Seria ótimo se eu pudesse dizer que meu desempenho como vendedora disparou imediatamente, mas as coisas não mudaram assim tão depressa. No entanto, passei a me sentir muito mais feliz. Conseguia achar rapidamente os documentos, e a busca enlouquecida por coisas antes de sair correndo para uma reunião tinha acabado. Além disso, quando voltava para minha mesa, já podia começar logo a tarefa seguinte. Aos poucos, comecei a sentir mais alegria.

A organização sempre foi minha paixão, e eu já tinha um forte palpite de que arrumar a casa poderia mudar a vida de alguém. Agora, entendia que organizar o espaço de trabalho também era importante. Ao me sentar à minha mesa, que de repente parecia novinha em folha, eu sentia que manter tudo arrumado tornaria meu trabalho mais leve e me ajudaria a gostar mais do que eu fazia.

Por que a organização melhora o desempenho no trabalho

"Minha mesa está uma bagunça, que vergonha", me confidenciou Lisa um dia. Ela trabalhava no mesmo andar que eu e, ao me ver organizando meu espaço, ficou curiosa e pediu algumas dicas. Lisa nunca foi boa em arrumação, e a casa de seus pais vivia entulhada. Ela admitiu que seu apartamento também estava um caos. "Além de nunca ter organizado nada na vida, nunca me ocorreu que deveria fazer isso", afirmou ela. Mas trabalhar num escritório a levou a perceber que sua mesa era mais bagunçada que a das outras pessoas.

A história de Lisa não é incomum. Uma diferença importante entre a casa e o local de trabalho é que, no trabalho, nossos pertences estão à vista de todos. Em casa, quase ninguém vê nossas roupas ou nossos livros, mesmo que estejam espalhados pelo chão. Mas o escritório é um espaço compartilhado, e a diferença entre uma mesa bagunçada e outra arrumada fica óbvia para todo mundo. Curiosamente, isso tem um impacto muito maior do que a maioria das pessoas imagina.

Vários estudos sobre avaliações de funcionários[5] concluíram que, quanto mais organizado é o espaço da pessoa, maiores são as chances de ela ser vista pelos colegas como ambiciosa, inteligente, acolhedora e calma. Um estudo específico mostrou que um profissional organizado é tido como autoconfiante, amigável, dedicado e gentil. A lista de adjetivos faz essas pessoas soarem como vencedoras.

Pesquisas revelam também que profissionais organizados tendem a ganhar a confiança dos outros com mais facilidade e têm mais chances de serem promovidos. Além da importância de se ter uma boa reputação para crescer na carreira, os dados confirmam que nos esforçamos para atender as expectativas que as pessoas estabelecem para nós. Grandes expectativas estimulam nossa confiança e geralmente resultam em desempenhos melhores. Essa teoria, conhecida como efeito Pigmaleão, é baseada em estudos que mostram que as notas dos alunos melhoram quando eles sentem que seus professores esperam que se superem. O efeito Pigmaleão também tem se mostrado importante no ambiente de trabalho, onde o desempenho dos funcionários aumenta ou diminui conforme as expectativas estabelecidas em relação a eles.

As descobertas desses estudos podem ser resumidas em três pontos básicos. Uma mesa organizada inspira uma avaliação melhor de nossa personalidade e nossa capacidade, o que, por sua vez, reforça nossa autoestima e aumenta a motivação. Como resultado, trabalhamos mais e nosso desempenho melhora. Por esse ponto de vista, arrumar as coisas parece ser um bom negócio, não é mesmo?

Depois que Lisa aplicou minhas dicas em seu espaço de trabalho, seu desempenho profissional melhorou, ela recebeu muitos elogios do chefe e a confiança na própria capacidade aumentou de maneira consistente. Quanto a mim, vamos dizer que recebi ótimas avaliações da empresa em relação às minhas habilidades de organização e isso me deixou feliz.

Os bagunceiros são realmente mais criativos?

"Se uma mesa desorganizada é sinal de uma mente confusa, o que significaria uma mesa vazia?" Essa frase é atribuída ao genial e criativo físico Albert Einstein. Se ele disse mesmo essas palavras, não se sabe, mas sua mesa de fato era soterrada por pilhas de livros e papéis. Pablo Picasso pintava cercado por um monte de telas, e Steve Jobs, fundador da Apple, supostamente mantinha o escritório desorganizado de propósito. Há inúmeras lendas de gênios com escritórios bagunçados. Confirmando essa tese, um estudo recente realizado por pesquisadores da Universidade de Minnesota concluiu que um ambiente de trabalho desorganizado pode gerar mais ideias criativas.[6]

Como essas histórias estão muito presentes no imaginário coletivo, é comum me perguntarem: "Uma mesa desorganizada é uma coisa boa, não é? Estimula a criatividade, certo?" Se você também está se perguntando se sua mesa desorganizada pode torná-lo mais produtivo e se vale a pena ler o restante do livro, sugiro um exercício rápido. Comece visualizando mentalmente sua mesa no escritório, seu ateliê ou qualquer outro espaço de trabalho que você utilize. Se estiver sentado lá neste exato momento, basta olhar ao redor. Em seguida, responda às seguintes perguntas:

- Você está realmente se sentindo bem em trabalhar aí neste momento?
- Trabalhar neste espaço todos os dias lhe traz alegria?

- Tem certeza de que está permitindo que sua criatividade seja estimulada?
- Você sente vontade de voltar para este cenário amanhã?

Essas perguntas não têm o objetivo de fazer você se sentir mal. A ideia é ajudá-lo a entender como se sente em relação a seu ambiente de trabalho. Se você respondeu sim sem hesitar a todas elas, seu nível de alegria no trabalho é impressionantemente alto. Mas, se ficou na dúvida, se sentiu uma pontadinha no coração, mesmo que pequena, então com certeza vale a pena tentar arrumar suas coisas.

Para ser sincera, não importa se o melhor é ter uma mesa organizada ou uma mesa caótica. O mais importante é você ter consciência do tipo de ambiente que lhe traz alegria no trabalho. E uma das melhores maneiras de descobrir isso é organizando as coisas. Muitos clientes que usaram esse método para arrumar a casa acabaram com um visual minimalista e básico demais para o gosto deles, então perceberam que prefeririam um pouco mais de decoração e começaram a acrescentar objetos e coisas de que gostavam. Às vezes, é só depois de uma boa arrumação que percebemos o tipo de ambiente que nos deixa mais felizes.

Você é do tipo que se sente mais inspirado depois que arruma tudo ou do tipo que percebe uma criatividade maior no meio da confusão? Seja qual for seu estilo, o processo de arrumação pode ajudar a descobrir o espaço de trabalho ideal para sua criatividade florescer.

O CÍRCULO VICIOSO DE ACUMULAR COISAS

Pesquisas demonstram que a desordem diminui a alegria que sentimos no trabalho por duas razões. Primeiro, ela confunde o cérebro: quanto mais coisas temos ao nosso redor, mais sobrecarregado ele fica.[7] Isso torna mais difícil reconhecer, vivenciar e desfrutar as coisas que são mais importantes para nós – aquelas que nos trazem alegria.

Em segundo lugar, quando estamos soterrados por objetos, informações e tarefas, perdemos a sensação de controle e a capacidade de escolher.[8] Sem condições de tomar iniciativas ou de escolher o que fazer, esquecemos que o trabalho é um meio de realizar nossos sonhos e aspirações e deixamos de amar o que fazemos.

Para piorar a situação, quando as pessoas sentem que perderam o controle, começam a acumular[9] mais coisas desnecessárias, ao mesmo tempo que sofrem com um sentimento de culpa e com a pressão para fazer algo a respeito. Como resultado, adiam indefinidamente o momento de resolver as coisas, gerando um círculo vicioso de bagunça cada vez maior. **S. S.**

O alto custo da desordem *não física*

Não são apenas as mesas e outros espaços físicos de trabalho que precisam de arrumação. Também ficamos sobrecarregados por uma desordem que não é física. A tecnologia gerou uma bagunça digital na forma de e-mails, arquivos e cadastros on-line excessivos. Acrescente a isso as inúmeras reuniões e outras tarefas com as quais precisamos lidar, e de repente parece impossível ter o controle das coisas. Para criar um estilo de trabalho que realmente traga alegria, é preciso organizar todos os aspectos da vida profissional, não apenas o espaço físico.

De acordo com um estudo, um profissional que trabalha em escritório costuma passar metade do dia lidando com e-mails e tem uma média de 199 e-mails não lidos[10] na caixa de entrada todos os dias. Segundo o Center for Creative Leadership, um instituto de pesquisa e educação executiva sediado nos Estados Unidos, 96% dos funcionários sentem que estão perdendo tempo com e-mails desnecessários.[11] Além disso, quase um terço dos programas instalados na maioria dos computadores nunca é usado. Esses exemplos deixam claro que estamos soterrados de entulho digital.

E quanto às informações de que precisamos para usar as diversas contas de serviços on-line? Um usuário de internet tem em média 130 cadastros ligados ao seu endereço de e-mail. Mesmo considerando que alguns podem ser combinados e gerenciados sob uma mesma conta, como é o caso do Google ou do Facebook, o número de nomes de usuário e suas respectivas senhas ainda é avassalador. Pense no que acontece quando você esquece a senha: você perde um tempão tentando uma combinação de usuários e senhas possíveis sem sucesso, no fim desiste e muda tudo.

Infelizmente, as estatísticas mostram que é muito provável que isso continue se repetindo. Segundo uma pesquisa realizada nos Estados Unidos e no Reino Unido, a perda de produtividade por esquecer ou errar senhas chega a 420 dólares por funcionário anualmente.[12] Numa empresa que emprega cerca de 25 pessoas, a cifra ultrapassa os 10 mil dólares por ano. Talvez devêssemos criar um "fundo da senha perdida": sempre que alguém esquecesse a própria senha, uma doação seria feita automaticamente, de modo que nossa desorganização digital pudesse gerar algum benefício à sociedade.

As reuniões também absorvem grande parte do tempo que passamos no trabalho. Quem trabalha em escritório perde em média duas horas e 39 minutos[13] por semana em reuniões improdutivas. Numa pesquisa realizada com gestores do alto escalão, a maioria dos entrevistados expressou insatisfação com as reuniões da empresa,[14] alegando que eram improdutivas, ineficientes, atrapalhavam tarefas mais importantes e não serviam para unir a equipe. Em tese, as reuniões são realizadas em benefício da empresa, mas justo os responsáveis por organizá-las as consideram contraproducentes.

O custo de reuniões improdutivas ultrapassa 399 bilhões de dólares por ano.[15] Quando penso nisso, juntamente com o prejuízo causado pelas senhas esquecidas e mais os 89 bilhões de dólares desperdiçados com o tempo gasto na busca por itens extraviados, não posso deixar de me perguntar quanta receita o governo poderia gerar tributando esse tipo de bagunça. É loucura, eu sei, mas...

A arrumação da bagunça não física será abordada com mais detalhes por Scott a partir do Capítulo 4. Por enquanto, é bom saber que surgirão alguns obstáculos que você precisará enfrentar se quiser ter mais satisfação no trabalho, o que significa que há um grande espaço para aprimoramento. Imagine organizar não só sua mesa, mas todos os seus e-mails, arquivos e outros dados digitais, além de estar sempre no controle de sua programação de reuniões e tarefas. Pense na alegria que isso pode trazer ao seu trabalho!

O processo de organizar ajuda você a encontrar seu propósito

Quando eu trabalhava para uma empresa, uma colega pediu conselhos sobre como organizar seu espaço de trabalho. Durante nossas sessões de arrumação, ela me disse: "Estou aqui para trabalhar e ganhar meu sustento, não para me divertir. A vida é mais prazerosa quando você termina o trabalho logo e pode aproveitar o tempo livre."

Todo mundo tem seu próprio estilo de trabalho e seu modo de pensar. Sei que algumas pessoas encaram o trabalho da mesma forma que minha ex-colega, mas considero isso um desperdício terrível. É claro que, como somos pagos pelo trabalho que realizamos, qualquer emprego envolve responsabilidades. Quando somos funcionários de uma empresa, há também muitas coisas sobre as quais não temos controle. Nós vivemos em sociedade, então é ilusório achar que nossa felicidade pessoal é uma prioridade. Ao contrário do que acontece quando arrumamos nosso espaço privado, isto é, nossa casa, organizar o ambiente de trabalho não garante que tudo no escritório, ou em nossas tarefas, vai sempre nos trazer alegria.

Ainda assim, é uma pena desistir e trabalhar apenas por obrigação, sem se esforçar minimamente para ter um ambiente de felicidade. Se a casa é o lugar em que passamos a maior parte do dia, o trabalho vem logo depois, e, em determinados momentos, a proporção pode até se inverter.

Enquanto colocamos em prática nossas habilidades, não faria sentido sentir pelo menos um pouquinho de alegria no trabalho? E por que não trabalhar de uma forma que traga alegria também para quem está ao nosso redor?

Alguns de vocês podem estar pensando: *Para você, pode ser fácil falar isso, mas eu odeio meu trabalho. Não consigo imaginar que um dia ele possa me trazer alegria.* Mesmo assim, continuo recomendando que você tente pôr suas coisas em ordem. A organização pode levá-lo a entender o que realmente quer, mostrar o que precisa mudar e ajudar a encontrar mais prazer em seu ambiente de trabalho. Pode parecer bom demais para ser verdade, mas é real, acredite.

Sou testemunha de como organizar as coisas pode transformar muitos aspectos da vida profissional. Uma cliente, por exemplo, se lembrou de um sonho de infância enquanto organizava seus livros e pediu demissão para abrir sua própria empresa. Ao arrumar os documentos, uma empresária identificou um problema em seu negócio e fez uma mudança ousada. Outra cliente, após a conclusão do processo de arrumação, se deu conta do estilo de vida que desejava para si e trocou de emprego para que pudesse reduzir pela metade o número de horas trabalhadas.

Essas mudanças ocorreram não porque essas pessoas eram, digamos, diferentes, mas por causa do efeito cumulativo de analisar cada objeto à sua frente e escolher se o mantinha em sua vida ou se o descartava.

- "Era para ser meu emprego dos sonhos, mas agora eu mal consigo acompanhar a avalanche de tarefas. Estou sempre com vontade de ir para casa mais cedo."

- "Não consigo descobrir o que quero fazer da vida. Já tentei um monte de coisas diferentes, mas simplesmente não sei o que realmente desejo."
- "Investi pesado no trabalho para chegar aonde cheguei, mas agora me pergunto se essa é realmente a carreira certa para mim."

Se você tiver dúvidas parecidas em relação a seu emprego ou sua carreira, este é o momento perfeito para começar a organizar as coisas. Organizar é muito mais do que classificar e guardar itens. É um projeto importante que mudará sua vida para sempre.

O objetivo do método compartilhado neste livro não é apenas ter uma mesa limpa, mas iniciar um diálogo consigo mesmo através da arrumação – descobrir o que você valoriza, explorando por que razão você trabalha e que estilo de trabalho deseja. Esse processo vai ajudá-lo a entender como cada tarefa que você executa está ligada a um futuro feliz. No final, o verdadeiro objetivo é identificar o que lhe proporciona realização no trabalho para que você possa dar o seu melhor.

Convidamos você a experimentar na prática como a organização pode trazer alegria à sua carreira.

CAPÍTULO 2

SE VOCÊ COSTUMA TER RECAÍDAS

– O senhor deveria arrumar sua mesa.

Foi isso que eu sugeri uma vez a um cliente potencial. Era verão, eu já trabalhava havia dois anos na agência de RH e minha função era vender nossos serviços de recrutamento a pequenas e médias empresas. Organizações com até 10 funcionários raramente têm um departamento de recursos humanos e muitas vezes o presidente da empresa é responsável por tudo, inclusive pelas contratações. No caso, eu estava falando exatamente com o presidente.

Parecendo exausto, ele tinha acabado de me dizer:

– Sou muito ocupado. Seria ótimo ter uma secretária executiva.

Ciente de meu papel de recrutadora, perguntei:

– Se o senhor fosse contratar uma secretária, que tarefas gostaria que ela realizasse?

– Hum, deixe-me pensar – disse ele, hesitante. – Gostaria muito que ela organizasse os documentos e os materiais de escritório. Preciso de alguém que me dê a caneta certa quando eu pedir, sabe? Também seria ótimo se ela conseguisse arrumar minha mesa.

Foi nesse momento que falei o que não deveria:
– Mas o senhor mesmo pode fazer isso! – exclamei, percebendo o atrevimento apenas depois que as palavras saíram, sem contar que eu basicamente dei a entender que ele não precisava contratar ninguém.

Ou seja, mais uma oportunidade de vendas perdida.

Ele retomou o diálogo como se não tivesse percebido minha inconveniência. Quanto mais falava, mais claro ficava que organização não era um de seus pontos fortes. Criado em uma família em que a desordem era a norma, ele vivia perdendo tudo. Em seu primeiro emprego, seu chefe disse que ele era um fracasso em manter as coisas organizadas, afirmação que ele nunca esqueceu.

Quando terminou de falar, perguntei se ele se importaria de me mostrar sua mesa. Ficava bem do outro lado da parede divisória. Uma simples olhada bastou: era uma mesa cinza simples, mas o computador estava cercado de arranha-céus futuristas formados por pilhas precárias de documentos, livros e correspondências. Nessa época, eu já trabalhava nos fins de semana como consultora de organização, então não me contive e acabei dizendo que ele realmente precisava arrumar a mesa.

Foi assim que iniciamos nossas sessões de arrumação. Como elas aconteciam fora do horário comercial, nos encontrávamos bem cedo pela manhã ou depois do expediente. Após várias sessões, a sala do presidente estava limpa e organizada, e ele ficou tão contente que, como um bônus, me apresentou a outros empresários, o que fez meu desempenho em vendas disparar. A partir daí, sempre que eu visitava um novo cliente, dava uma olhada na mesa do chefe. As oportunidades de inserir algumas dicas de organização na conversa aumentaram e, antes que eu me desse conta, o número de clientes da minha consultoria tinha se multiplicado.

Para ser sincera, alguns dos meus clientes de arrumação tiveram recaídas. Nem todos conseguiram manter o escritório arrumado depois que o curso terminou. O que diferenciava aqueles que conseguiam dar continuidade à organização daqueles que não conseguiam era a mentalidade ao iniciar o processo.

As informações com que trabalhamos são atualizadas com frequência, à medida que chegam novos materiais e o conteúdo dos vários projetos se expande. Com isso, documentos e outros papéis podem se acumular rapidamente. Mesmo já tendo feito a arrumação completa uma vez, manter tudo em ordem exige vigilância constante, motivação e a compreensão da *necessidade* dessa organização.

A maior parte das pessoas que conseguiu organizar tudo de maneira definitiva o fez por vontade própria. Desde o início, elas sabiam aonde queriam chegar e o estilo de vida que desejavam ter. Já quem começa a organizar as coisas sem saber exatamente por que está fazendo isso, ou pior, com a esperança de conseguir alguém que faça o trabalho por ela, em geral tem recaídas, mesmo quando é bem-sucedido na arrumação logo na primeira vez.

Portanto, pense bem: por que *você* quer organizar as coisas?

Se respondeu que deseja melhorar seu desempenho no trabalho ou acabar com o estresse, tudo bem, mas, para manter a motivação, você precisará ser mais meticuloso e identificar com palavras claras e objetivas qual seria sua rotina de trabalho ideal e os efeitos que supõe que a arrumação terá em sua vida. Então, antes de começar, imagine a vida profissional que deseja ter.

Imagine uma rotina de trabalho ideal

Visualize um dia de trabalho em detalhes e se pergunte que tipo de atividade lhe traz alegria e quais valores são importantes em sua vida profissional. Esse é o primeiro passo da arrumação, e ele é crucial.

Sempre que penso nesse tópico, me vem à memória um e-mail que recebi de Michiko, uma cliente que havia concluído sua arrumação. Ela trabalhava para um fabricante de insumos médicos e, antes de começar o processo de organização, sua mesa estava sempre coberta de pilhas de papéis, como um enorme doce mil-folhas. A linha de assunto de seu e-mail dizia "Vida ideal no trabalho alcançada!", e o conteúdo da mensagem era o seguinte:

> Quando chego ao escritório pela manhã, já fico animada. Não há nada além do telefone e de um vaso de planta na minha mesa. Pego o notebook e o cabo no nicho onde ficam guardados e os instalo na mesa. Coloco o café que comprei no caminho em meu porta-copos favorito, dou uma borrifada no ambiente com uma essência de hortelã, inspiro

profundamente e começo a trabalhar. Tudo está em ordem, então não perco tempo procurando as coisas e só levo um segundo para colocar cada item de volta em seu devido lugar antes de ir para casa. Já se passaram dois meses, e mal posso acreditar que ainda me sinto tão feliz toda manhã.

O e-mail de Michiko descrevendo sua felicidade é o exemplo clássico de uma vida prazerosa no trabalho. Decidi compartilhá-lo aqui porque ele reúne todos os elementos-chave de que você precisa para imaginar seu cenário ideal. O segredo é visualizar em detalhes vívidos, cinematográficos mesmo, como será seu expediente depois de concluir a arrumação. Essa imagem deve incluir três elementos: o ambiente físico, seu comportamento e seus sentimentos.

Visualize seu espaço de trabalho, como a mesa limpa e arrumada e o local onde cada coisa fica guardada; o que você faz lá, inclusive pequenos prazeres como saborear uma xícara de café ou sentir aromas revigorantes; e também o que sente quando faz isso – por exemplo, se fica animado, realizado ou contente.

Para criar uma imagem realista de sua vida ideal no trabalho, esses três elementos devem ser tratados como um conjunto. O mais importante, no entanto, é imaginar o que você sente quando está em seu espaço de trabalho idealizado. Experimente fechar os olhos e ver a si mesmo chegando pela manhã. Se nada surgir em sua mente, imagine a cena que Michiko descreveu quando se aproximou da mesa e preste atenção no que você está sentindo. Seu coração bateu mais forte? Você sentiu uma onda de prazer no peito?

Nosso ideal fica mais tangível quando imaginamos cada detalhe, incluindo a reação física provocada por nossas emoções, em vez de pensar nelas apenas racionalmente. Isso reforça o desejo de buscar essa sensação e ajuda a manter a motivação.

Outro aspecto importante que você deve considerar ao imaginar sua vida ideal no trabalho são os momentos do dia. Pense em sua rotina: começar a trabalhar de manhã, fazer um intervalo, encerrar o expediente, voltar para casa. Imagine como está seu espaço de trabalho em diferentes momentos. Quando analisamos o que consideramos ideal a partir de diferentes ângulos, começamos a ver os passos concretos que queremos dar a seguir, desde colocar mais cor na decoração até tornar o local de armazenamento mais acessível, e isso nos deixa ainda mais animados.

Imaginar sua vida ideal no trabalho é essencial também para a organização da bagunça não física. Ao organizar seus e-mails, por exemplo, imagine como você gostaria de lidar com as mensagens recebidas, depois pense no número de e-mails que considera adequado manter na caixa de entrada. Quando chegar a hora de organizar a agenda, calcule o tempo de que você precisa para realizar cada tipo de tarefa e como se sentiria ao cumpri-las. Reexamine esses ideais a partir de diferentes perspectivas, tais como produtividade, eficiência e seu relacionamento com os integrantes da sua equipe. Só quando tiver estabelecido metas de arrumação baseadas numa ideia clara de seu estilo de trabalho ideal é que você poderá partir para a arrumação com o tipo certo de mentalidade.

UM EXERCÍCIO PARA IDENTIFICAR O QUE TRAZ ALEGRIA AO SEU TRABALHO

Você acha difícil imaginar sua vida ideal no trabalho? Se esse é o caso, faça este exercício rápido para ajudá-lo a identificar seus critérios de alegria pessoal. Leia cada uma das 12 afirmações e depois, usando uma escala de 1 a 5, classifique seu nível de concordância ou discordância com cada uma. Não existe resposta certa ou errada. Simplesmente siga o seu coração e responda honestamente. (1 = discordo totalmente, 2 = discordo, 3 = nem concordo nem discordo, 4 = concordo, 5 = concordo plenamente)

____ Fico muito satisfeito em aprender coisas novas.

____ Busco desafios no trabalho.

____ Vejo vantagens em trabalhar com quem tem mais habilidade ou mais experiência do que eu.

____ TOTAL

____ Gostaria de um horário de trabalho flexível.

____ Fico feliz em saber que posso falar o que penso no trabalho.

____ Quero ter liberdade para fazer meu trabalho da forma que achar melhor, sem muita supervisão.

____ TOTAL

___ Quero ganhar o máximo de dinheiro possível.

___ Gostaria de ser o melhor no que faço.

___ Valorizo os elogios que recebo das pessoas com quem trabalho, como colegas, clientes ou supervisores.

___ TOTAL

___ Dou prioridade à formação de amizades verdadeiras no trabalho.

___ Gosto de ajudar os outros no trabalho.

___ Prefiro atuar em estreita colaboração com colegas a trabalhar de maneira independente.

___ TOTAL

    Some as respostas de cada bloco de perguntas. Isso significa que você terá uma pontuação total para as perguntas 1, 2 e 3, outra para as perguntas 4, 5 e 6 e assim por diante. As três primeiras questões se concentram na aprendizagem; as três seguintes, na liberdade no trabalho; as três seguintes, em realizações; e as últimas três, nos relacionamentos. Sua pontuação mostra quanto você valoriza cada uma dessas áreas. As áreas com pontuação igual ou maior que 12 são as que você mais valoriza.

    Quais aspectos são mais importantes para você? Assim que identificá-los, use-os para ajudá-lo a imaginar sua vida profissional ideal. **S. S.**

Arrume tudo de uma só vez para nunca mais ter recaídas

"Já arrumei minha mesa um milhão de vezes, mas, quando me dou conta, está tudo uma bagunça de novo." Essa é uma frase que já ouvi de muita gente. Ter uma recaída é um dos problemas mais comuns citados por quem me consulta. Qualquer um que tenha feito uma arrumação provavelmente passou por isso pelo menos uma vez. Veja, por exemplo, minha colega de trabalho Jun. "Eu reorganizo minha mesa com frequência", disse ela enquanto me mostrava seu espaço. "Pode não parecer, mas eu não me importo de arrumar."

Quando vejo uma mesa que parece limpa e arrumada, dou aquela olhada rápida na superfície e depois verifico os lugares mais escondidos. Começo pelas gavetas. Ao abri-las, muitas vezes sou saudada por uma infinidade de canetas esquecidas, cartões de visita velhos, montes de clipes de papel e borrachas, hidratante labial vencido, embalagens de chiclete, suplementos vitamínicos, talheres descartáveis, guardanapos de papel e sachês de ketchup e de molho de soja que provavelmente vieram junto com a quentinha do almoço.

Em seguida, empurro a cadeira e me abaixo para olhar embaixo da mesa. Estendo a mão e puxo as caixas de papelão e sacolas enfiadas ali. Em geral, estão cheias de livros e documentos, e, às vezes, até roupas, sapatos e lanches. Minha movimentação é acompanhada por olhares de surpresa. "Quer dizer que eu deveria arrumar embaixo da mesa também?", perguntam as pessoas. Sim, não basta organizar apenas o que está em cima da mesa.

Se quiser fazer uma arrumação completa a ponto de nunca mais ter recaídas, mire num objetivo simples: saber onde fica cada objeto em seu espaço de trabalho. Que tipo de coisas você possui e em que quantidade? Onde você as guarda? Que tipo de item tende a acumular por conta da natureza do seu trabalho? E, quando isso acontece, onde você coloca esse material? Somente quando tiver respostas para todas essas perguntas é que poderá dizer que arrumou tudo.

Como chegar a esse nível? Organizando todo o espaço de trabalho por categoria e de uma só vez. Se você arrumar a superfície da mesa hoje, a primeira gaveta amanhã e a outra no dia seguinte, descartando as coisas aos poucos, só quando der, nunca colocará o espaço em ordem. O primeiro passo é: reserve um tempo para fazer a arrumação. Depois, junte todos os itens por categoria e resolva qual deve manter e qual descartar. Assim que fizer isso, decida onde armazenar o que escolheu manter. Para arrumar corretamente, siga esses passos, nessa ordem.

Scott e eu ensinamos em detalhes como organizar aspectos físicos e não físicos por categoria a partir do Capítulo 3. Por ora, tenha em mente o segredo para o sucesso: arrumar por categoria, rápido, tudo de uma vez só. Seja para a casa, seja para o espaço de trabalho, essa é a essência do Método KonMari.

Pode parecer difícil, mas não se preocupe: arrumar o espaço físico do trabalho é bem mais simples que arrumar uma casa. Isso porque os espaços de trabalho são menores e têm menos categorias, o que facilita a decisão de quais itens manter e onde armazená-los. Sem contar que toma bem menos tempo.

Arrumar uma casa usando o Método KonMari leva no mínimo três dias para uma pessoa que mora sozinha e não tem muita coisa, e varia de uma semana a vários meses para uma família, dependendo da quantidade de coisas que possuem. Arrumar uma mesa, por outro lado, leva em média cinco horas e, dependendo do tipo de trabalho, até menos de três horas. Mesmo para alguém com um espaço maior, como aqueles que têm o próprio cubículo ou uma sala, o processo geralmente dura no máximo 10 horas. Portanto, se você puder reservar dois dias, deve conseguir terminar a arrumação dos aspectos físicos de seu espaço de trabalho.

Se o grande desafio for arranjar tempo para fazer a arrumação – caso não consiga reservar cinco horas seguidas –, experimente dividir o processo em várias sessões. O padrão mais comum entre meus clientes é chegar ao escritório duas horas antes do início do expediente e concluir a arrumação em três sessões de duas horas cada. Uma coisa que notei é que aqueles que agendam as sessões de arrumação em sequência desenvolvem um ritmo que os ajuda a terminar mais rapidamente. Portanto, se você não tem muito tempo sobrando, recomendo marcar sessões seguidas para manter o pique. Alongar o processo a ponto de precisar recomeçar faz a pessoa perder tempo e é a abordagem de arrumação menos eficiente.

Quando falo em arrumar "de maneira rápida e completa, de uma vez só", imagino um prazo de até um mês. Embora algumas pessoas se surpreendam por levar tanto tempo, um mês não é muito se comparado aos anos que a maioria levou para conseguir uma mesa tão bagunçada. Seria ótimo terminar tudo em um ou dois dias, mas, se levar mais do que isso, não tem problema. O mais importante é dar a si mesmo um prazo.

Você pode decidir, por exemplo, que pretende terminar até o final do mês e então marcar períodos específicos do dia para a arrumação. Se disser a si mesmo que vai arrumar quando tiver tempo, você nunca terminará a tarefa.

Arrume tudo adequadamente de uma só vez, depois defina um lugar para cada item. Quando você sabe onde tudo está guardado, consegue ter controle das coisas mesmo quando elas começam a se multiplicar. É isso que torna possível manter o espaço organizado. Ao aprender a maneira correta de arrumar, qualquer pessoa pode ter um local de trabalho cheio de alegria e nunca mais sofrer uma recaída.

Escolhendo o que manter

Isto me traz alegria?

Essa pergunta é a chave para o Método KonMari. Ela funciona como uma estratégia simples porém eficaz para organizar a casa – um espaço privado, pessoal. Seguramos cada item nas mãos e escolhemos apenas aqueles que trazem alegria, descartando o restante.

E quanto ao local de trabalho? Alguns empregos exigem coisas como contratos, rascunhos de reuniões futuras e crachás, objetos que não exatamente trazem alegria, mas que não podem ser descartados; sem contar materiais utilitários como fita adesiva, grampeadores e trituradores de papel, todos itens que você usa mas não tem autorização para descartar se por acaso não gostar deles.

Quando você dá uma boa olhada em volta, é provável que ache sua mesa feia e a cadeira sem graça. Até mesmo a decoração da parede no espaço compartilhado do escritório é pouco inspiradora. Quanto mais você olha, mais óbvio fica que não pode escolher o que manter no trabalho com base apenas no fator alegria. Mas, antes que essa constatação jogue um balde de água fria em sua disposição para arrumar, vamos voltar ao que é fundamental.

Por que você quer arrumar seu espaço de trabalho?

Seja qual for a vida no trabalho que você idealizou para si mesmo, o objetivo final é sempre este: trabalhar com alegria. Portanto, quando estiver organizando as coisas, o mais importante é escolher aquelas que contribuem para sua felicidade e valorizar o que decidir manter.

Existem três tipos de coisas que você deve manter. No primeiro tipo estão os itens pessoais que lhe trazem alegria, como uma caneta favorita, um bloco de anotações com uma capa que você ama ou fotos de pessoas queridas. No segundo tipo entram os que são funcionais e úteis para seu trabalho, itens usados com frequência, como grampeadores ou fita adesiva. Nada disso lhe traz alegria, mas sem dúvida facilita seu serviço. Tê-los por perto permite que você relaxe e se concentre no trabalho.

O terceiro tipo inclui itens que um dia lhe trarão alegria. Recibos, por exemplo, não inspiram muita emoção, mas têm o inegável mérito de permitir que você seja reembolsado quando os apresentar para comprovar despesas. Mesmo os papéis relacionados a um projeto sobre o qual você não se sente muito entusiasmado contarão pontos para sua carreira se você concluir esse trabalho com competência. E se ser visto e valorizado como uma pessoa confiável faz parte do sonho que você deseja realizar, isso também vai lhe trazer alegria no futuro.

Portanto, lembre-se destas três categorias: as coisas que trazem alegria por si sós, as que proporcionam alegria pela praticidade e as que prometem alegrias no futuro. Esses são os critérios para escolher o que manter em seu local de trabalho.

Se a frase *Isto me traz alegria?* parece não se encaixar no seu ambiente de trabalho, sinta-se à vontade para substituí-la por outra. Para dar apenas alguns exemplos, conheço um CEO que costumava questionar: *Isto vai ajudar minha empresa a prosperar?;* uma bancária que se perguntava: *Será que isto me faz vibrar de expectativa?*; e um gerente de departamento e fã de beisebol que questionava: *Isto pertence ao time principal, à divisão de base ou está fora do planejamento do clube?*

O que importa é se o item que você segurou nas mãos terá um papel positivo em seu trabalho. Nunca esqueça a razão pela qual você está arrumando as coisas não apenas para descartar objetos e organizar a mesa, mas para descobrir qual é a sua vida ideal no trabalho, aquela que lhe traz alegria.

ESCOLHER O QUE DESCARTAR É MUITO DIFERENTE DE ESCOLHER O QUE TRAZ ALEGRIA

Se você está achando que escolher o que lhe traz alegria é o mesmo que escolher o que jogar fora, está enganado. Apesar de parecerem funcionar como dois lados da mesma moeda, da perspectiva da psicologia eles são mundos à parte. Escolher o que nos traz alegria é focar nos aspectos positivos das coisas que possuímos, ao passo que escolher o que descartar é focar no lado negativo.

Pesquisas mostram que as emoções negativas têm um impacto mais forte[1] sobre nossos pensamentos do que as emoções positivas. Um estudo analisando 558 palavras para denotar emoções diferentes, em inglês, concluiu que 62% delas eram negativas, comparadas com apenas 38% positivas. Em outro estudo, participantes de sete países (Bélgica, Canadá, França, Holanda, Inglaterra, Itália e Suíça) fizeram uma lista com o máximo de emoções em que conseguiram pensar durante cinco minutos. Pessoas dos sete países se lembraram de mais palavras negativas do que positivas. Além disso, entre as palavras mais usadas, apenas quatro foram compartilhadas por todos os países, e, dessas, três foram negativas: *tristeza, raiva* e *medo*. A única palavra que expressa uma emoção positiva usada por todos foi *alegria*.

Como esse exemplo deixa claro, o cérebro humano dá maior peso às experiências negativas do que às positivas. Se nos concentrarmos no lado negativo na hora de decidir o que vai ser descartado, o melhor que pode acontecer é eliminarmos aquilo de que não gostamos. Não estar doente não é a mesma coisa que estar saudável, da mesma forma que não ser pobre não é o mesmo que ser rico e que não estar triste não é

> o mesmo que estar contente. Logo, descartar coisas de que não gostamos não é o mesmo que manter coisas que nos trazem alegria.
>
> Portanto, durante a arrumação, concentre-se no lado positivo, nas coisas que você ama. Se fizer isso, é provável que chegue à conclusão de que, na verdade, você até gosta de organizar as coisas. **S.S.**

O melhor momento é o que favorece a concentração

Os únicos sons no escritório silencioso vinham da digitação nos teclados e do diálogo sussurrado entre mim e meu cliente durante a sessão de arrumação.
– Isto traz alegria para você?
– Sim.
– Isto é importante?
– Não, não preciso mais.
– E quanto a este documento?
A voz de meu cliente virou um murmúrio:
– Ah, isto tem a ver com uma pessoa que pediu demissão ano passado. Houve uma confusão, sabe...
– Ah, desculpe.
Aprendi uma lição importante durante essa sessão, que ocorreu logo que comecei a ensinar executivos a organizar suas coisas. Num escritório tranquilo, uma sessão de arrumação pode parecer barulhenta para as outras pessoas, e é difícil

conversar sem atrapalhar o trabalho delas. Meu cliente deve ter se sentido um pouco desconfortável.

Quando for arrumar seu espaço de trabalho, é essencial criar um contexto que facilite sua concentração. Se você se preocupa com o que os outros podem pensar, escolher a hora certa é vital. Caso possa ir ao seu local de trabalho em feriados ou tenha uma sala só sua, você terá mais opções para escolher o melhor momento de fazer a arrumação. Mas, se sua mesa fica num ambiente aberto e compartilhado e você precisa organizá-la em dias úteis, provavelmente terá que agendar para antes ou depois do expediente, de modo a não atrapalhar os colegas. Eu, por exemplo, marcava as sessões de arrumação das sete às nove horas da manhã, antes de meus clientes iniciarem seu dia de trabalho.

Iniciar o dia organizando as coisas tem muitos benefícios. Quando você sabe que precisa começar a trabalhar às nove, encara a arrumação com foco e eficiência. E, como ainda está descansado, se mostra mais otimista em relação àquilo que está fazendo e aprecia o processo. Dessa forma, decidir o que manter e o que descartar fica mais fácil. É por isso que durante anos recomendei a meus clientes que o melhor momento para arrumar o local de trabalho era pela manhã bem cedo. Recentemente, no entanto, comecei a mudar de opinião graças à experiência que adquiri ao divulgar meu método em outros países.

No Japão, é bem comum as pessoas ficarem até tarde no escritório, o que dificulta manter o foco na arrumação depois do expediente. Mas, em muitas das empresas que conheci nos Estados Unidos, quase ninguém fica no escritório após as 18 horas, e, nas sextas-feiras, o número de funcionários começa a diminuir gradualmente a partir das 15 horas. Nesses casos, é fácil manter o foco na arrumação mesmo depois do horário regular.

Outra diferença que percebi é que, segundo a maioria dos americanos com quem conversei, eles não se importariam se algum colega arrumasse a mesa de trabalho durante o expediente, ainda que houvesse algum barulho.

No Japão, é educado se preocupar com o que os outros pensam e ter o cuidado de não incomodar as pessoas ao redor. Tenho certeza de que isso vale para os Estados Unidos e para a maioria dos outros países também, mas essa experiência me ensinou que o que incomoda as pessoas varia conforme o lugar.

Na hora da arrumação, é importante estabelecer um contexto que nos deixe à vontade para que possamos nos concentrar naquela tarefa. Isso significa escolher um horário em que haja menos gente no escritório ou apenas avisar aos colegas o que vamos fazer. Podemos ainda convidar quem está ao redor a se juntar a nós. Na verdade, eu recomendo que a empresa, caso seja possível, libere ao mesmo tempo todos os funcionários para uma arrumação completa de seus espaços.

Uma editora japonesa reservou um dia no final do ano para que todos os seus funcionários arrumassem a própria mesa. Aparentemente, isso melhorou tanto o ambiente e a disposição das pessoas que a editora passou a lançar vários best-sellers. A organização aumenta o desempenho profissional individual e estimula uma atitude positiva; portanto, faz sentido que tenha gerado bons resultados. Mesmo que não seja possível envolver toda a empresa, não seria maravilhoso se um departamento inteiro, ou membros do mesmo grupo de trabalho, decidissem arrumar as coisas juntos?

Que comece a maratona de arrumação!

Depois que passei a oferecer cursos de arrumação para executivos, minha vida ficou muito mais movimentada. Durante a semana, eu prestava essas consultorias das sete às nove da manhã, depois emendava em meu emprego na agência de RH das nove e meia da manhã até bem tarde da noite. Nos fins de semana, eu dava aulas de arrumação na casa das pessoas.

Nas conversas com meus colegas de trabalho, eu mencionava que havia ajudado um cliente a terminar de organizar sua cozinha no fim de semana, ou que um executivo tinha se livrado de quatro sacos de lixo cheios de papéis naquela manhã. Não demorou para que todos na empresa soubessem que eu também trabalhava com arrumação. Com isso, aumentou o número de solicitações de aulas por parte de colegas e também de meus superiores.

Meus dias eram ocupados e satisfatórios, mas nunca imaginei que minha habilidade para arrumação se tornaria minha profissão. Meus colegas me agradeciam me levando para almoçar, e, embora eu aceitasse que clientes de fora da empresa pagassem por meus serviços, eu encarava as aulas de arrumação como uma atividade extra, não um emprego.

Um dia, no entanto, um cliente que tinha concluído o curso se virou para mim enquanto eu admirava sua mesa perfeitamente arrumada e disse: "Você deveria divulgar esse método de arrumação para todo mundo. É a única que pode fazer isso." Essas palavras me fizeram perceber que muitas pessoas desejam ter as coisas arrumadas e, o mais importante, que eu adoro ajudá-las nessa tarefa. Comecei então a pensar em trabalhar de maneira independente e, um tempo depois, pedi demissão da empresa para focar no meu trabalho como consultora de arrumação.

Desde então adquiri muita experiência em consultoria. Nesse processo, notei vários equívocos e generalizações em relação à arrumação. Por exemplo, a maioria das pessoas acredita que arrumar é uma tarefa pesada que precisa ser feita diariamente pelo resto da vida. Talvez alguns de vocês pensem assim também, mas, na realidade, há dois tipos de arrumação: a arrumação diária e a maratona de arrumação.

Fazer a arrumação diária é colocar as coisas que você usou ao longo do dia de volta no lugar e definir onde ficará armazenado qualquer item novo que for adquirido. Fazer a maratona de arrumação, por outro lado, significa reavaliar tudo o que você possui, questionar se cada item é realmente importante em sua vida naquele momento e organizar seu próprio sistema de armazenamento. Chamo esse processo de "maratona de arrumação" porque ele é realizado de maneira intensiva e completa num período de tempo relativamente curto.

Ao levar a maratona de arrumação para o local de trabalho, você vai reexaminar não apenas todos os objetos daquele espaço, como também os aspectos não físicos. Por exemplo, organizar o e-mail envolve analisar os tipos de mensagem que você mantém em sua caixa de entrada, ao passo que organizar a agenda envolve identificar quanto tempo é gasto em cada atividade. Fazer isso fornece uma visão completa do que você tem e da quantidade de cada coisa. Ao analisar os itens em cada categoria, um por um, você consegue identificar quais devem ser mantidos, onde devem ser armazenados e quais merecem prioridade.

Os dois tipos de arrumação são importantes, mas, sem dúvida, a maratona tem um impacto maior em nossa vida. É por isso que recomendo fazer a maratona de arrumação antes de pensar em como manter seu espaço arrumado no dia a dia. Se você arrumar tudo adequadamente, de uma só vez, e experimentar o que é ter um espaço de trabalho limpo e organizado, as células do seu corpo se lembrarão de como é prazeroso estar em um ambiente desse tipo. Essa sensação vai naturalmente estimular você a manter as coisas em ordem. É claro que essa abordagem se aplica à arrumação não só dos objetos, mas também dos aspectos não físicos do trabalho, como dados digitais e redes de contatos, que são abordados a partir do Capítulo 4. Primeiro, avalie sua situação atual; depois, escolha o que realmente quer manter e sinta a alegria de trabalhar em um espaço arrumado.

Portanto, mãos à obra! Comece se perguntando como seu dia a dia no trabalho pode lhe trazer alegria e tente visualizar seu cenário ideal. Em seguida, conte com nossa ajuda para iniciar sua própria maratona de arrumação e tornar realidade essa visão. Com a mentalidade e a abordagem corretas você poderá alcançar a vida profissional com que sempre sonhou.

CAPÍTULO 3

ORGANIZANDO O ESPAÇO DE TRABALHO

Primeiro, vamos apresentar o passo a passo para organizar a parte física de seu espaço de trabalho. A organização dos aspectos não físicos será abordada nos próximos capítulos.

Não importa se você tem uma sala só sua, um cubículo separado ou apenas uma mesa num ambiente compartilhado: as etapas básicas do Método KonMari para arrumar o espaço físico são as mesmas.

Para começar, concentre-se apenas nos espaços pelos quais você é o único responsável. Esta é a regra fundamental da arrumação: comece pela sua mesa. Se existirem espaços de uso comum, como, por exemplo, uma área onde são guardados materiais e espaços de convivência ou salas de reuniões, ignore-os por enquanto, mesmo que não estejam tão arrumados quanto você gostaria.

Se você trabalha em casa, será melhor lidar separadamente

com os itens relacionados ao trabalho e os itens pessoais. Se parte de seus livros e documentos está vinculada ao trabalho e outra não, identifique agora apenas os itens de trabalho e foque em organizá-los, deixando os itens pessoais para depois, quando estiver pronto para arrumar sua casa.

Caso você tenha um ateliê, um estúdio ou uma oficina, os princípios são os mesmos, mas o tempo de arrumação vai depender da quantidade de coisas que você possui. Por exemplo, se o seu espaço de trabalho for do tamanho de uma garagem grande, se os armários e prateleiras estiverem cheios de ferramentas e peças ou se você tiver um grande volume de produtos ou obras de arte, você precisará de mais tempo, talvez uns dois meses, para concluir o processo.

No Método KonMari, a ordem em que a arrumação é feita é muito importante. Para organizar a casa, recomendo começar pela categoria roupas e depois passar para as categorias mais avançadas, na seguinte sequência: livros, papéis, *komono* (itens variados) e itens de valor sentimental. Sugiro ir da categoria mais fácil à mais difícil porque isso nos ajuda a desenvolver a capacidade de escolher o que manter ou descartar e de decidir onde guardar tudo.

Para organizar o espaço de trabalho, pule a categoria roupas e prossiga com livros, papéis, *komono* e itens de valor sentimental.

As regras de arrumação para essas categorias também são as mesmas. Trabalhe numa categoria por vez. Comece separando os itens de cada categoria ou subcategoria e junte tudo num único lugar. Por exemplo, se você estiver trabalhando na subcategoria de canetas da *komono*, tire todas as canetas das gavetas e dos porta-lápis e as coloque na mesa. Depois, escolha quais canetas deseja manter. Esse processo proporciona uma noção clara da quantidade exata de itens existentes em cada categoria, o que facilita o trabalho de comparar e decidir o que guardar ou descartar e também o passo seguinte, que é o armazenamento por categoria.

As regras de armazenamento estão descritas nas páginas 63-65. Você pode esperar terminar a seleção do que pretende manter em cada categoria antes de começar a armazenar, ou pode começar assim que terminar de escolher o que lhe dá prazer numa categoria e seguir fazendo a mesma coisa nas outras à medida que o processo avançar.

Agora que você já compreendeu essas noções básicas, é hora de arrumar sua mesa por categoria.

Livros: Identifique o valor deles por meio da organização

O best-seller que você gostaria de ler um dia, o manual de contabilidade que comprou para melhorar seus conhecimentos na área, o livro que ganhou de um cliente, o catálogo distribuído pela empresa... Que tipo de livro você tem em seu espaço de trabalho?

Os livros são fontes de conhecimentos valiosos que podem nos ajudar muito no trabalho. Quando mantidos ao nosso alcance, seja na mesa ou nas estantes, podem servir como inspiração ou passar uma sensação de segurança. Ler algumas páginas na hora do almoço ou nos intervalos de descanso pode ser um fator de motivação, e a simples exposição dos exemplares dá um toque pessoal ao espaço de trabalho. A realidade, no entanto, é que muitas vezes mantemos os livros no escritório pelas razões erradas.

Uma cliente tinha uma estante cheia de títulos nunca lidos em seu escritório. Ao fazer o inventário, contamos cerca de 50, sendo que mais da metade estava na estante havia no mínimo dois anos.

"Vou ler o máximo que puder nas próximas férias", afirmou ela. Quando nos encontramos novamente, porém, não fiquei surpresa em saber que ela tinha desistido parcialmente da empreitada. Muitos dos que havia conseguido ler foram os comprados por último. "Como deixá-los sem ler parecia um desperdício, decidi dar uma folheada rápida para saber o conteúdo de cada um", explicou ela. "Mas fui sentindo que só estava fazendo aquilo por obrigação. Não me trazia alegria. Isso me pareceu um desperdício ainda maior, então decidi descartar a maioria das obras."

No final, ela manteve apenas 15 livros, cuidadosamente selecionados.

Assim como as pessoas, os livros têm um período de apogeu. É nesse momento que devem ser lidos, mas é bastante comum que as pessoas percam esse timing. E quanto a você? Tem algum livro no trabalho que "passou da validade"?

Quando for organizar seus livros, comece juntando todos num único local. Talvez passe pela sua cabeça que pode ser mais prático fazer a seleção pelo título enquanto as obras ainda estão na estante, mas, por favor, não pule essa etapa. Os livros que estão há muito tempo parados na estante se tornaram parte do cenário. Sua mente não registra a existência deles, mesmo que estejam no seu campo de visão, e assim é mais difícil decidir quais trazem alegria. Somente pegando cada um com as mãos é que conseguimos vê-los como entidades separadas.

Se tiver dificuldade para julgar se determinado livro traz ou não alegria, experimente fazer a si mesmo algumas perguntas. Por exemplo: quando o comprou? Quantas vezes o leu? Pretende lê-lo novamente? Se for um livro que ainda não leu, recorde o momento da compra. Essa lembrança pode ajudá-lo a decidir se ainda precisa dele. Se o livro estiver na lista daqueles que você pretende ler "um dia", recomendo estabelecer um prazo para fazer isso. Sem um esforço consciente, esse "um dia" nunca chegará.

Outra pergunta que deve ser feita é qual o papel daquele livro em sua vida. Os livros que nos trazem alegria são aqueles que nos motivam e estimulam durante a leitura ou releitura, que nos deixam felizes só de saber que estão lá, que trazem informações atualizadas ou, ainda, que nos ajudam a ter um desempenho melhor no trabalho, como é o caso dos manuais. Já os livros comprados por impulso ou porque você queria impressionar alguém, assim como aqueles que ganhou de presente mas duvida que um dia lerá, cumpriram seu propósito no momento em que foram comprados ou recebidos. Chegou a hora de desapegar deles com gratidão.

A última pergunta a fazer é se você ainda compraria aquele livro se o visse na livraria, ou se o tema ainda é do seu interesse. Só porque pagou por ele não significa que tem a obrigação de ler. Muitos livros cumprem sua missão até antes de serem lidos, principalmente os que tratam de um mesmo tópico e foram comprados juntos. Antes de se despedir deles, agradeça pela alegria proporcionada na hora da compra.

O objetivo dessas perguntas não é forçar a decisão de se

livrar dos seus livros sem maiores reflexões. Pelo contrário, o objetivo é ajudar a explorar sua relação com cada um deles. A consciência que você ganha ao fazer isso vai ajudá-lo a decidir se um livro lhe trará ou não alegria caso resolva mantê-lo.

Às vezes as pessoas me perguntam quantos títulos devem guardar, mas não existe um número ideal. No caso dos livros (e de outras categorias), a quantidade adequada varia de pessoa para pessoa. O verdadeiro benefício da arrumação é que ela ajuda cada um a identificar seu padrão pessoal. Se os livros lhe trazem alegria, então a escolha certa é guardar quantos você quiser.

O espaço para armazenamento no local de trabalho, no entanto, quase sempre é limitado. Se em algum momento você sentir que está se desviando da vida ideal no trabalho porque tem muitos livros, pare e ajuste a quantidade do modo menos estressante possível. Você pode levá-los para casa, vendê-los para um sebo ou doá-los para escolas, bibliotecas, hospitais, etc.

Organizar os livros é uma poderosa ferramenta de autodescoberta. Aqueles que você escolhe manter porque lhe trazem alegria revelam seus valores pessoais. Um cliente meu, o engenheiro Ken, tinha como objetivo no início do processo de arrumação ter um espaço organizado onde pudesse trabalhar com maior eficiência. Quando pedi que descrevesse sua vida ideal no trabalho, ele ficou sem saber o que dizer, embora achasse que seria legal ir para casa mais cedo.

Ao começar a analisar sua coleção de livros, no entanto, ele percebeu que tinha muitos títulos sobre desenvolvimento pessoal e, em especial, sobre como levar uma vida mais gratificante e ter mais paixão pelo trabalho. Isso mostrou que ele desejava sentir mais alegria no trabalho e alcançar a autorrealização explorando o que tinha de melhor. Essa compreensão o ajudou a resgatar o amor e a paixão pelo trabalho que realizava. Como se pode ver, a arrumação é realmente uma viagem épica de autodescoberta.

Papéis: A regra básica é descartar tudo

Depois dos livros, vem a categoria dos papéis. Organizar os papéis é, em geral, a parte mais demorada da arrumação de um espaço de trabalho. Mesmo nos dias de hoje, quando os smartphones e tablets se tornaram onipresentes e o número de materiais impressos diminuiu significativamente, as pessoas ainda tendem a acumular muito papel.

O princípio básico é descartar tudo. Meus clientes sempre ficam surpresos quando falo isso. É claro que isso não significa que devemos eliminar completamente os papéis. Estou apenas tentando transmitir o nível de determinação que precisamos ter para escolher apenas aquilo que é absolutamente necessário e descartar o restante.

Não há nada mais incômodo no espaço de trabalho do que papéis se acumulando sem que a gente perceba. As folhas são tão finas que muitas vezes as guardamos sem pensar. No entanto, quando precisamos organizá-las, o processo é demorado, porque temos que olhar cada folha para saber qual é o conteúdo. O pior é que, quanto mais papéis acumulamos, mais tempo levamos para encontrar um documento ou relatório específico, e mais difícil fica colocar tudo em ordem. Por essa razão, recomendo reservar um bom tempo em sua agenda somente para organizar seus papéis.

Da mesma forma que faria com outras categorias, comece juntando todos os papéis num único local e analise cada um deles. Papel é a única categoria que não pode ser selecionada pelo fator alegria. Em vez disso, é preciso checar o conteúdo. Mesmo os papéis que estão dentro de envelopes devem ser retirados e verificados página por página, para o caso de ter folhetos de propaganda ou outros materiais indesejáveis misturados.

Pode ser útil separar os papéis por categorias à medida que você checar o conteúdo de cada folha. Isso agiliza e facilita o arquivamento quando o processo terminar. De maneira geral, os papéis que você deve manter podem ser divididos em três categorias: pendências, papéis que precisam ser guardados e papéis que você quer guardar.

Na categoria pendências estão os papéis que necessitam de algum tipo de ação, como faturas em aberto e propostas de projetos que precisam ser revisadas. Minha recomendação é arrumar tudo em um organizador de revistas e deixar na mesa até resolver as pendências. Dessa forma eles ficarão à vista e não serão misturados com os papéis de outras categorias.

A seguir, examine os papéis que precisam ser guardados. Certos tipos de comprovantes de pagamentos, relatórios, declarações, contratos e outros documentos devem ser armazenados durante um período determinado, tragam ou não alegria. Classifique-os por categoria e arquive-os em pastas suspensas em um gaveteiro ou numa estante. Se não for necessário manter os papéis originais, digitalize-os e armazene-os eletronicamente (ver Capítulo 4). Nesse caso, em vez de escanear cada documento à medida que for fazendo a separação, é mais eficiente reunir tudo numa pilha "Escanear depois" e

fazer o serviço de uma vez só. (A digitalização tem seus problemas também, que serão abordados nas páginas 65-66.)
A última categoria é a dos papéis que você quer guardar por outras razões. Nela, há desde documentos que servem como referência a coisas que de fato lhe trazem alegria. A decisão de mantê-los ou não fica a seu critério. Como a recaída é um problema comum quando as pessoas se apegam às coisas "porque sim", não se esqueça de que a regra básica para papéis é descartar tudo.

Em minhas sessões de arrumação, quando um cliente tem dificuldade para decidir quais papéis manter e quais descartar, faço as seguintes perguntas: "Em que situação você precisa disto?", "Há quanto tempo tem isto?", "Com que frequência você recorre a isto?", "É possível encontrar o mesmo conteúdo na internet?", "Já salvou isto em seu computador?", "Haveria problema se você não tivesse isto?" e "Isto realmente lhe traz alegria?".

Mesmo que você esteja com dificuldade para decidir se mantém ou não algum documento, não fuja do desafio. Não desperdice essa preciosa oportunidade. Faça a si mesmo as perguntas difíceis e se comprometa a realizar uma arrumação completa e minuciosa de modo a nunca mais precisar organizar seus papéis nesse nível novamente. Se ainda estiver relutante diante da premissa de que deve descartar todos os papéis, imagine que acabei de entrar em seu escritório e anunciei que vou sair rasgando tudo. O que você faria? Quais papéis você lutaria para salvar da fragmentadora?

Dependendo da natureza do seu trabalho, pode ser que você descubra que pode descartar quase todos os papéis. Uma professora do ensino médio me contou que digitalizou tudo o que considerou essencial. Com isso, esvaziou dois gaveteiros e aumentou sua eficiência.

Um gestor de departamento tinha o hábito de decidir se precisava manter um documento assim que o recebia. Ele o destruía na hora se resolvesse que não valia a pena guardá-lo, e com isso eliminou o problema do acúmulo de papéis. Mas é preciso ter cautela ao usar uma fragmentadora. Esse mesmo gestor se habituou tanto a descartar todo papel que recebia que colocou na fragmentadora a carta com o pedido de demissão de um de seus funcionários, com envelope e tudo. (Detalhe: esse gestor era o meu chefe, e a carta que ele inadvertidamente picotou era o meu pedido de demissão.)

Como armazenar papéis para nunca ter uma recaída

Parte das pessoas que chegaram até aqui deve estar se sentindo ansiosa. Mesmo depois de organizar tudo, os papéis tendem a continuar se acumulando rapidamente, tornando as recaídas inevitáveis. Mas existe uma saída para isso. Basta seguir as três regras de armazenamento que apresento agora para se livrar de vez do acúmulo de papéis.

Regra 1: Classifique cada folha de papel por categorias.

Comece separando seus papéis por categorias bem definidas, por exemplo: apresentações, propostas de projetos, relatórios e recibos. Outra opção é separar por data, projeto ou nome de cliente, paciente ou estudante. Um de meus clientes optou por dar nome às pastas: Ideias de Design; Ideias de Gestão; Estudos de Inglês; Documentos para Guardar e Lembrar. Use o sistema que funcionar melhor para você.

A questão mais importante é nunca armazenar uma única folha de papel "porque sim". Agora é a hora de classificar seus papéis de uma maneira que facilite o seu dia a dia no trabalho. Certifique-se de que cada papel esteja incluído numa categoria.

Regra 2: Armazene seus papéis na vertical.

Sabe aquelas pessoas que nunca conseguem achar a pasta de arquivo que estão procurando? Muitas vezes isso acontece porque os papéis estão empilhados na mesa. Há duas desvantagens em empilhar documentos. A primeira é que, como é difícil saber a quantidade de papéis que já tem, você acaba perdendo a noção de quanto está acumulando e fica com a mesa sempre bagunçada. A segunda desvantagem é que os documentos que estão na base da pilha ficam esquecidos e você perde tempo procurando por eles.

Para ser eficiente, é fundamental guardar seus papéis em pastas suspensas. Coloque cada categoria em uma pasta e guarde-as num gaveteiro, em suportes para pastas ou organizadores de revistas na vertical, se possível em uma prateleira. Armazenar os papéis dessa forma torna mais fácil ver a quantidade de coisas em cada categoria e deixa um aspecto organizado.

Regra 3: Crie uma caixa de pendências.

Crie uma caixa de pendências para colocar apenas os papéis de que vai precisar naquele dia. Mais uma vez, recomendo o uso de um organizador de revistas que permita ver quantos papéis precisam ser processados. Se preferir, pode aproveitar uma caixa ou bandeja de correspondências e armazenar os papéis na horizontal, mas não se esqueça dos que ficarem lá embaixo. Quando estiver resolvendo as pendências, descarte os papéis que não precisarem mais ser armazenados.

Organizar os papéis, assim como organizar qualquer outra coisa, facilita muito o manuseio, porque você passa a saber a quantidade exata de cada tipo de documento e onde está guardado. Depois de separar os papéis e decidir em qual categoria cada um deles se enquadra, dê uma olhada ao redor e determine a quantidade máxima de espaço disponível para armazenamento. Quando essa capacidade de armazenamento for ultrapassada, os papéis começarão a se acumular outra vez. Esse é o sinal de que você precisa reexaminar o que está lá. Verifique quais papéis não precisam mais ser guardados e descarte-os. Ao fazer checagens regulares como essa, você conseguirá manter seus papéis sempre organizados.

Cuidado com a armadilha da digitalização

A digitalização é uma conveniência e tanto. Não há nada mais prático do que escanear um documento que você decidiu descartar e salvá-lo como arquivo digital. Mas essa mesma conveniência muitas vezes pode se voltar contra você.

Um cliente meu decidiu que queria digitalizar as páginas mais importantes de seus livros antes de descartá-los, mas isso demorou mais do que ele esperava. Nesse meio-tempo, ele percebeu que digitalizar os livros não lhe trazia alegria, então resolveu fotografar as páginas com o celular. Mas isso também demorou mais do que ele esperava e, no final, esse cliente acabou descartando os livros sem salvar mais nada. Quanto às páginas que ele se esforçou tanto para digitalizar e fotografar, nunca voltou a olhar para elas.

Outro exemplo interessante é o do proprietário de uma clínica odontológica que durante nossas sessões de arrumação ficava separando os papéis que queria escanear antes de descartar. O problema era que, como ele digitalizava muito pouco, a pilha só crescia. Enfiados em sacolas num canto do escritório, os papéis continuaram lá por um, dois, três meses. Naquele ritmo, ele jamais conseguiria dar um jeito naquele acúmulo. Visitei esse escritório um ano depois e fiquei chocada ao ver as sacolas cheias de papéis para serem digitalizados no mesmo lugar, intocadas. Percebendo que não tinha usado nada que estava nas sacolas ao longo de um ano inteiro, ele revisou tudo mais uma vez e manteve apenas o que era estritamente necessário, descartando o resto.

Obviamente, alguns papéis importantes precisam ser digitalizados, mas, antes de começar a fazer isso, pergunte-se se cada papel que separou de fato precisa ser arquivado. É importante considerar não apenas o tempo necessário para a digitalização desses materiais, mas também o tempo para classificar os arquivos digitais. Se você tiver um assistente que possa cuidar disso, ótimo, mas, se precisar fazer tudo sozinho, poderá levar muito tempo. Se ainda assim quiser guardar documentos por meio da digitalização, reserve períodos específicos para isso na sua agenda. Se disser a si mesmo que vai escanear os materiais quando tiver tempo, o trabalho nunca será feito.

Organize seus cartões de visita e reveja seus relacionamentos

Já aconteceu de você olhar para um cartão de visitas e pensar: "Meu Deus, quem é esta pessoa e por que guardei o cartão dela?" Isso acontece com muita frequência quando estamos organizando as coisas. Sempre encorajo meus clientes a aproveitarem essa oportunidade para descartar tudo, mas muita gente se sente culpada por jogar fora cartões de visita. No Japão, alguns clientes acreditam que esse tipo de impresso traz uma parte da alma da pessoa. Mas, se são tão preciosos, em vez de enfiá-los numa gaveta e esquecê-los, faria mais sentido tratá-los com respeito, agradecendo pelo trabalho realizado e os descartando de uma forma que proteja as informações pessoais contidas neles.

Na hora de selecionar os cartões de visita, junte todos e olhe um por um. Um empresário para quem prestei consultoria tinha 4 mil cartões de visita. Logo depois que começamos as sessões, ele descobriu que não precisava de nenhum deles, porque estava conectado a quase todas aquelas pessoas nas redes sociais. Além disso, o aplicativo de e-mails salva o endereço eletrônico de todo mundo com quem trocamos mensagem. Assim, ele descartou quase todos os cartões de visita, digitalizou uns poucos e escolheu ficar com cerca de 10 que lhe traziam alegria por serem de pessoas que admirava.

Você também pode dar adeus aos cartões de visita de pessoas com quem já se comunicou por e-mail ou via redes sociais. Se não puder digitar a informação em sua agenda na hora, registre os endereços de e-mail escaneando ou fotografando o cartão. Uma boa opção é usar os aplicativos que usam a câmera do celular como scanner, incluindo automaticamente os dados dos cartões de visita em sua lista de contatos.

Quanto a mim, na arrumação mais recente que fiz nessa categoria, mantive apenas um cartão de visita: o do meu pai, que trabalhou na mesma empresa por mais de 30 anos. Toda vez que olho para o cartão, lembro que ele sustentou nossa família por muito tempo com aquele trabalho. Como não consegui me desapegar do cartão, decidi arranjar um lugar para ele na minha mesa.

Se alguns cartões o deixam inspirado ou estimulado, guarde-os com orgulho.

Classifique a *komono* em subcategorias

- "Parece que isso não vai acabar nunca. Acho que vou desistir."
- "Estou me sentindo tão confusa!"
- "Acho que estou surtando."

Quando os clientes começam a me enviar mensagens desesperadas como essas, em geral é porque estão no meio da organização da categoria *komono*. Afinal de contas, é a categoria com o maior número de subcategorias. Material de escritório, *komono* de lazer, utensílios domésticos, *komono* de cozinha, produtos alimentares, *komono* de banheiro... Só de fazer a lista a cabeça já começa a girar. Mas não se preocupe. O número de subcategorias da *komono* num escritório é muito menor do que numa casa, e, se você já conseguiu organizar seus documentos e outros papéis, também vai conseguir vencer a *komono*.

Se encarar a *komono* com tranquilidade, no seu ritmo, você vai obter rapidamente um panorama do tipo de coisa que possui. Entre as subcategorias mais comuns encontradas num local de trabalho estão:

- MATERIAL DE ESCRITÓRIO (canetas, tesouras, grampeadores, fita adesiva, etc.)
- ACESSÓRIOS ELÉTRICOS (dispositivos digitais, outros aparelhos, baterias, cartões de memória, cabos, etc.)
- *KOMONO* ESPECÍFICA DO TRABALHO (amostras de produtos, materiais de arte, suprimentos, peças, etc.)
- ITENS DE CUIDADO PESSOAL (cosméticos, remédios, suplementos vitamínicos, etc.)
- ALIMENTOS (chá, pacotes de lanche, etc.)

Comece juntando todos os itens da mesma subcategoria num único lugar e pegue-os um a um. Se suas gavetas estão tão cheias que é difícil ver o que tem lá dentro, esvazie-as sobre a mesa ou o chão. Nesse caso, você pode escolher as coisas que deseja manter enquanto separa o conteúdo por subcategorias.

Material de escritório

O material de escritório pode ser dividido em dois tipos: utensílios de mesa e artigos de papelaria. Quando for organizar essas subcategorias, arrume cada uma separadamente.

1. **Utensílios de mesa:** Essa subcategoria inclui itens como tesouras e grampeadores, objetos dos quais em geral um exemplar basta. Quem não sabe o que tem, muito menos a quantidade do que tem, costuma ter mais do que precisa. Um cliente meu, por exemplo, tinha três apontadores, quatro réguas idênticas, oito grampeadores e 12 tesouras. Quando perguntei a razão de tantos itens de cada, ele

respondeu vagamente que tinha perdido o primeiro, daí comprou outro, depois não percebeu que já tinha vários ou achou que seria prático ter um ao alcance da mão. Dentro dessa subcategoria, basta selecionar um utensílio de cada tipo e dar adeus ao resto. Se a empresa tiver uma área para armazenamento de suprimentos, ou um espaço de trabalho compartilhado, você pode colocar lá os itens que estiverem sobrando.
2. **Artigos de papelaria:** Essa subcategoria inclui os itens que você mantém por perto e usa com frequência, como canetas, cadernos, clipes, bloquinhos de post-its, envelopes e papel timbrado. Embora seja necessário manter alguns itens extras em estoque, será que é realmente eficiente ter uma montanha de blocos de post-its transbordando das gavetas ou uma caixa de 10 canetas vermelhas? Pense em quantos itens de cada tipo você realmente precisa ter em sua mesa. Se, por acaso, decidir que cinco pacotes de blocos ou 30 clipes são suficientes, separe a quantidade adequada e devolva o restante para o local onde a empresa guarda esse tipo de suprimento.

Acessórios elétricos

Na hora de organizar a *komono* de acessórios elétricos, é comum encontrar aparelhos quebrados ou dispositivos que já estão obsoletos. Muita gente tem gavetas abarrotadas de fones de ouvido ou carregadores de celular que não funcionam. Alguns cabos não têm identificação e ninguém sabe para que servem. Qual é o sentido de guardar esse tipo de coisa? Como o espaço de armazenamento de sua mesa é limitado, esta é a sua chance de ver o que ainda funciona, descobrir para que servem os cabos e se despedir do que não precisa com gratidão.

Komono *específica do trabalho*

Todos nós temos coisas que são exclusivas de nossas profissões. No caso dos artistas, podem ser tintas e telas; para os designers de joias e bijuterias, contas e fios; e, para as blogueiras de beleza, amostras de cosméticos enviadas pelos fabricantes. Dependendo da profissão, talvez o volume seja exagerado ou o conteúdo pareça pouco inspirador. Mas é exatamente por estarem diretamente ligados ao nosso trabalho que esses itens têm um potencial maior de nos trazer alegria quando começamos a arrumação, nos motivando a finalizar o processo.

Veja o exemplo de Leanne, uma artista que descobriu que a pintura a óleo não lhe trazia alegria, embora fosse a técnica mais valiosa de seu ofício. Ela mudou de suporte e criou um estilo novo. Teve também uma ilustradora que começou uma nova carreira como figurinista depois de descobrir sua paixão por tecidos e uma pianista em crise que recuperou a paixão pela música quando jogou fora partituras antigas.

Escuto histórias como essas o tempo todo. Para quem tem uma profissão mais ligada às artes, escolher apenas o que lhe traz alegria parece ser algo inspirador, que estimula a criatividade. A arrumação e a liberação de mais espaço físico ajudam a clarear a mente, permitindo que novas ideias e criações fluam.

Pegue cada item nesta subcategoria e pergunte a si mesmo se ele lhe traz alegria. Se você prestar atenção nos seus sentimentos, é provável que a resposta surja com clareza. As células em seu corpo ou vão pular de alegria ou vão afundar como chumbo.

Itens de cuidado pessoal

Entre os itens de cuidado pessoal estão cremes para as mãos, colírios, suplementos vitamínicos e outras coisas que nos ajudam a realizar o trabalho com mais conforto. Ficar sentado no escritório durante horas pode causar tensão nos ombros, dor nas costas e fadiga visual. Ter por perto produtos para aliviar esses incômodos físicos nos traz alegria.

Kay, uma cliente que trabalhava para uma agência de publicidade, adorava produtos que ajudam a relaxar. Em nossas sessões de arrumação, encontramos muita coisa desse tipo em sua mesa e nas gavetas. Quando perguntei se queria guardar aqueles itens, ela explicou que precisava deles para relaxar, porque seu trabalho era muito agitado. "Este produto ainda nem é vendido no Japão", disse, com orgulho. "E aquele aparelho facial ali vai ser um sucesso." Ela era claramente obcecada por aqueles itens.

Curiosa com a quantidade de coisas, perguntei como ela usava tudo aquilo. Sua resposta foi surpreendente. "Uso este óleo aromático quando perco o último trem e preciso me acalmar. Já a máscara à base de ervas para os olhos é para quando fico diante do computador por 10 horas seguidas. E esta bola massageadora é ótima para aliviar a tensão. Coloco a bola no chão depois que todo mundo vai embora e me deito sobre ela. A sensação é maravilhosa", relatou.

As explicações foram minuciosas e detalhadas. Quanto mais eu ouvia, mais clara ficava a complexidade de sua situação profissional. Não me contive e perguntei: "Mas trabalhar assim lhe traz alegria?" Terminado o processo de organização, ela acabou deixando de fazer tantas horas extras e levou para casa mais da metade dos produtos de relaxamento. Agora, Kay relaxa quando chega do trabalho. "Ao pensar na minha vida ideal no trabalho, percebi que seria mais feliz usando essas coisas para relaxar em casa, não no escritório." Quando me disse isso, seu rosto estava com um ar mais saudável e ela parecia bem menos estressada.

Os produtos de cuidado pessoal que você mantém no escritório podem ser fantásticos, mas se sua vida profissional não lhe proporciona alegria você está invertendo as prioridades. Comece imaginando qual seria sua vida ideal no trabalho. Depois, identifique quais tipos de produto vão ajudá-lo a alcançar esse ideal e quais não serão úteis.

Alimentos

Uma cliente que trabalhava para uma empresa de mídia pedia tanta comida pronta que seu estoque de sachês de ketchup e sal, de guardanapos e talheres plásticos ocupava metade de uma gaveta. Mas ela só teve a real noção da quantidade de coisas que acumulara quando começou a organizar seu espaço. A descoberta foi uma surpresa.

Será que você está acumulando coisas como pacotes de biscoito, chocolates e chicletes em sua mesa? Se estiver, verifique as datas de validade e defina um número limite para o que vai manter por perto de agora em diante. Esta é a sua chance de se livrar dos excessos e colocar sua mesa em ordem.

Itens de valor sentimental

Esta última categoria é a mais difícil, porque trata de coisas que mexem com nossos sentimentos, como fotos e cartas. É por isso que a deixo para o final. Conforme vai organizando outros objetos, você aprende a identificar o que realmente valoriza e acaba aprimorando sua capacidade de escolher o que lhe traz alegria.

Mais uma vez, comece reunindo todos os itens afins num único local. Pegue um por um e pergunte a si mesmo: *Será que isso me trará alegria se eu o mantiver em minha mesa?* Se a resposta for que o objeto já o ajudou em seu trabalho mas agora você não precisa mais dele, agradeça pelos serviços prestados e descarte-o. Aproveitar essa oportunidade para refletir sobre como cada item permitiu que você realizasse seu trabalho de forma eficaz acrescenta mais significado à arrumação.

Se você tiver mais coisas que lhe trazem alegria do que pode manter na mesa, leve algumas para casa. Para acelerar o processo, separe numa sacola os itens que vai levar enquanto prossegue com a arrumação. Só não se esqueça de levar a sacola quando for embora.

Para aqueles que acham difícil organizar objetos de valor sentimental, experimente tirar fotos deles antes de descartá-los. Quando Scott arrumou seu escritório, teve dificuldade em se despedir das cartas e fotos de suas filhas. Fotografar tudo o ajudou a se desfazer dos itens. No lugar onde ficavam esses objetos, ele agora coloca as lembranças mais recentes das filhas, o que deixou o espaço mais alegre.

> **TIRE UMA FOTO E DEPOIS DESCARTE**
>
> Pesquisas mostram que fotografar os itens de valor sentimental[1] pode ajudar as pessoas na hora de escolher o que descartar. Num dos estudos, os pesquisadores anunciaram uma campanha de doações usando dois cartazes diferentes, que foram colocados em dormitórios universitários. Um cartaz pedia que os estudantes coletassem e doassem os itens de valor sentimental que não quisessem mais, ao passo que o outro pedia que tirassem fotos dos itens antes de doá-los. O número de itens doados pelos estudantes dos dormitórios onde o cartaz os instruía a tirar uma fotografia foi 15% maior. S.S.

Armazenamento nas gavetas

Depois de escolher o que lhe traz alegria, está na hora de armazenar esses itens. Há três regras básicas de armazenamento.

Regra 1: Estabeleça um lugar para guardar cada item e reúna-os por categoria.

As pessoas costumam ter recaídas depois da trabalheira de arrumar tudo porque não conseguem distinguir a categoria à qual cada item pertence. Como não sabem onde colocar as coisas depois de utilizá-las, o espaço logo volta à antiga desordem. É por essa razão que você vai querer decidir onde armazenar cada objeto. Fica muito mais fácil manter tudo arrumado quando incorporamos o hábito de colocar cada item imediatamente de volta ao seu devido lugar depois de usá-lo.

É importante não armazenar itens da mesma categoria em mais de um lugar. Guardar tudo da mesma categoria no mesmo lugar permite ter uma noção da quantidade de coisas, o que traz benefícios adicionais. Quando a pessoa sabe o que tem, não acumula excessos nem compra itens desnecessários.

No escritório, as pessoas costumam guardar cartões de visita e artigos de papelaria na primeira gaveta. Acessórios elétricos, itens de cuidado pessoal e alimentos geralmente ficam na segunda gaveta; documentos e outros papéis, na terceira. Esse é o sistema básico de armazenamento numa mesa de escritório típica, mas pode variar dependendo do tipo de mesa ou do tipo de tarefas que o trabalho envolve. Faça os ajustes necessários e crie um espaço em que você se sinta confortável.

Regra 2: Use caixas e armazene os itens na vertical.

O espaço de armazenamento de uma mesa é muito limitado, portanto você deve maximizá-lo. Caixas são ótimas para isso. Elas podem ser de tamanhos diferentes e funcionar como divisórias nas gavetas. Guarde itens da mesma categoria numa caixa que se adapte ao tamanho e ao formato dos itens, por exemplo: uma caixa pequena para pen drives e uma caixa de tamanho médio para itens de cuidado pessoal, como suplementos. Objetos pequenos ficam mais bem armazenados quando acomodados na vertical dentro de uma caixa do que numa gaveta sem divisórias. A caixa impede que o conteúdo se espalhe e permite que você veja rapidamente onde está cada item quando abre a gaveta.

Qualquer tipo de caixa que se encaixe em sua gaveta serve. Você pode comprar caixas ou organizadores próprios para isso ou utilizar caixas vazias comuns que tiver em casa. Reutilizo muito as caixas de cartões de visita e as embalagens de celular, por exemplo. O truque é guardar tudo o que for possível na posição vertical, pois, além de conferir uma aparência mais organizada, aproveita melhor o espaço disponível.

Regra 3: Não guarde nada em cima da mesa.

O tampo da mesa é uma área de trabalho, não um armário, então a regra de ouro é não deixar nada lá. Determine um lugar nas gavetas e prateleiras para cada item ou categoria. O ideal é que os únicos itens sobre a mesa sejam o que você precisa naquele momento para o projeto em que está trabalhando. Mantenha em sua mente a imagem de uma superfície vazia quando estiver armazenando as coisas. Quem faz isso geralmente termina deixando apenas um computador e um enfeite ou um vaso de planta na mesa.

Estabeleça um espaço de armazenamento até mesmo para os itens de uso diário, como caneta ou bloco de notas. Meus clientes ficam surpresos ao descobrir que não é nenhum inconveniente guardar essas coisas quando elas não estão sendo usadas. Quando percebem que a mesa limpa facilita sua concentração no trabalho, não querem mais saber de outra coisa.

Claro que isso não significa que sua mesa tem que ficar completamente vazia. Se você acha mais fácil trabalhar com seus materiais num porta-canetas, em vez de guardados na gaveta, então é assim que deve fazer. O que importa é a abordagem. Devemos partir do princípio de que não manteremos nada em cima da mesa e depois escolher com atenção os itens que achamos que nos trazem mais alegria ou facilitam nosso trabalho se estiverem à vista.

Resumindo: armazene por categoria, use caixas e não deixe nada (ou quase nada) sobre a mesa. Tenha em mente essas três regras enquanto planeja a arrumação. Determine o melhor lugar para cada item e saiba exatamente o que você tem, até as menores coisinhas.

Como a organização pode transformar sua vida

Acabamos de conhecer o passo a passo para arrumar seu espaço físico de trabalho por categoria. Se ainda estiver ansioso porque parece haver muitas etapas, ou porque fracassou em arrumar tudo apesar das várias tentativas, não se desespere.

Já ajudei muitas pessoas a arrumar o próprio espaço de trabalho. Mesmo as que se vangloriam de não ter nada para descartar descobrem que podem eliminar dois terços de suas coisas simplesmente reunindo tudo da mesma categoria sobre a mesa, pegando item por item na mão e se perguntando se vale mesmo a pena manter aquilo. Há uma enorme diferença entre o que achamos que pode ser necessário e o que sentimos que vale a pena manter quando examinamos cada objeto individualmente.

Da mesma forma, apesar de muita gente achar que vai demorar no mínimo um semestre para arrumar tudo que tem na mesa de trabalho, é bem comum que a arrumação leve menos de uma semana. Como se pode ver, não dá para ter uma noção real de como será a arrumação até realmente fazê-la. É por isso que seria um desperdício ler este livro e não tentar, especialmente se você acha que faz todo o sentido. Só experimentando é que será possível sentir o verdadeiro valor da arrumação.

Mas qual é o verdadeiro valor da arrumação? Acredito que vai muito além do bem-estar proporcionado por uma mesa limpa e agradável aos olhos ou da percepção de uma eficiência maior no trabalho. Reorganizar permite que você redescubra seu verdadeiro eu. Ao examinar cada item, um por um, e perguntar a si mesmo se aquilo lhe traz alegria ou se vai contribuir para um futuro de sucesso, você começa a ver claramente o que quer e o que o faz feliz.

Quando concluir a arrumação, sua mentalidade, seu comportamento e suas escolhas terão mudado. Como resultado, sua vida passará por uma transformação completa. Tenho visto isso acontecer com inúmeros clientes, mas gostaria de compartilhar agora a história de Mifuyu e de como, através da arrumação, ela fez uma grande descoberta sobre si mesma que mudou completamente sua vida.

A experiência transformadora de Mifuyu

Mifuyu era uma bem-sucedida profissional de marketing de uma sofisticada revista de moda publicada por uma grande editora japonesa. Ela recebia um ótimo salário e usava peças das grifes mais luxuosas do mundo. Sua carreira brilhante despertava inveja em muitas colegas, mas, por alguma razão, ela tinha a incômoda sensação de que algo não ia bem, de que estava tentando ser alguém que não era. Contratou a consultoria de arrumação com o intuito de encontrar seu verdadeiro eu.

Mifuyu começou por sua casa e escolheu o que manter com base no que lhe trazia alegria. Para sua surpresa, descobriu que não sentia alegria com a jaqueta de 2 mil dólares ou os vestidos de grife pendurados cuidadosamente em seu guarda-roupa. Tampouco se sentia feliz com os saltos altíssimos que mal usava. Em vez disso, optou por ficar apenas com as roupas em que se sentia confortável, como calças jeans, uma camiseta branca básica e um xale azul-marinho simples que tinha uma textura que ela adorava. No final, manteve apenas um quarto de tudo que possuía.

Impressionada com o efeito que a arrumação da casa teve em sua vida, Mifuyu decidiu organizar seu local de trabalho. No fim de semana, foi para o escritório, que estava completamente vazio. Como é típico de quem trabalha em editoras, havia revistas e manuscritos espalhados na mesa, e as gavetas estavam abarrotadas de papéis. Depois de quatro horas de arrumação intensiva, no entanto, seu espaço de trabalho ficou parecendo novinho em folha, como se ela tivesse acabado de começar na empresa. Mifuyu decidiu manter duas pastas transparentes com pendências, alguns artigos de papelaria e três livros.

Na segunda-feira, ao ver a mesa de Mifuyu, seus colegas se assustaram com a mudança. "Você está pensando em pedir demissão?", perguntaram. Mas a pessoa que mais se surpreendeu foi a própria Mifuyu. Estava impressionada com a transformação em sua vida pessoal. Para começar, ela passou a se sentir mais estável emocionalmente. Pouco tempo antes, tinha sido diagnosticada com depressão por conta do excesso de trabalho e fora obrigada a tirar uma licença médica. Arrumar as coisas, no entanto, pareceu restaurar seu equilíbrio emocional, e ela se sentia capaz de trabalhar com mais propósito e serenidade.

Antes, quando as coisas iam mal no trabalho, era como se estivesse em uma montanha-russa. Costumava culpar a situação e as outras pessoas, justificando que "Foi o momento errado" ou "Foi porque ele disse aquilo". Ou então se diminuía, sempre se recriminando por erros do passado. Depois da arrumação, no entanto, Mifuyu conseguiu enxergar suas falhas de uma maneira mais construtiva: passou a dizer a si mesma que, da próxima vez, tentaria fazer as coisas de forma diferente e se sentiria grata pelas oportunidades de aprendizado que os erros proporcionam.

Pode parecer que isso tudo não tem a ver com o tema do livro, mas muitas pessoas passam por mudanças desse tipo quando concluem o processo de arrumação. Examinar nossos pertences um por um é, de certa forma, confrontar o passado. Haverá momentos em que sentiremos arrependimento por coisas que compramos ou vergonha por decisões tomadas, mas enfrentar esse sentimento com honestidade e descartar as coisas com gratidão, por terem nos ensinado o que realmente precisávamos aprender, é fazer as pazes com nossas escolhas. Ao repetir o processo mental de identificar o que de fato queremos e decidir o que fazer com base no que nos traz alegria, adotamos uma perspectiva positiva que confirma cada escolha que fazemos.

"Eu sabia que minhas ações eram minha responsabilidade", me disse Mifuyu. "Mas, antes de fazer a arrumação, eu tinha dificuldade em aceitar que a situação que estava enfrentando era resultado de minhas próprias escolhas. Eu me achava incapaz de tomar a decisão certa quando necessário. No entanto, ao analisar meus pertences um por um, comecei a enxergar tudo de outra forma. Decidi não ruminar tanto as coisas e viver com mais simplicidade, usando o fator alegria como um guia para minhas decisões. Percebi que ser responsável por minhas ações significava ser fiel a mim mesma, inclusive na maneira de viver. Acho que isso me ajudou a relaxar e a ser mais flexível."

O desempenho de Mifuyu no trabalho também melhorou muito. Antes da arrumação, ela achava que os prazos eram criados para serem descumpridos e sempre entregava os projetos no último minuto. Depois da arrumação, porém, passou a conseguir terminar suas tarefas bem antes da data-limite.

"Quase não perco tempo procurando as coisas. Mesmo quando não tenho um documento de que preciso, sei que é só pegar emprestado com um colega ou baixá-lo da rede. É muito mais rápido e eficiente ver logo que você não tem uma coisa e tomar uma atitude do que ficar horas procurando sem ter certeza de que o que você quer está mesmo lá", concluiu ela. A vida de Mifuyu está bem menos estressante agora que ela já não perde tempo com esse tipo de busca.

Há outra razão para seu desempenho no trabalho ter melhorado. Ela usou o Método KonMari não só para arrumar a casa e o escritório, mas também para organizar seus dados, como, por exemplo, a lista de contatos no celular, seus relacionamentos e sua agenda. Mifuyu agora decide o que manter usando como critério se aquilo lhe traz ou não alegria, e isso foi essencial para o estilo de vida que idealizou para si mesma. Como resultado, abriu mão de cargos que não a faziam feliz e estabeleceu um estilo profissional focado unicamente no que de fato achava importante.

Três anos depois, Mifuyu tinha se tornado comentarista de TV no noticiário nacional e escrito vários livros. Ela pedira demissão para atuar como freelancer, realizando seu antigo sonho de trabalhar de maneira independente. No Japão, é um exemplo de mulher brilhante que criou um estilo próprio de trabalhar. Ela viaja o mundo munida apenas de um celular e um computador, trabalhando em projetos de sua escolha e com pessoas de que realmente gosta. Seu estilo de vida, por si só, fornece conteúdo para seus textos.

Ao arrumar a parte física e não física de seu espaço de trabalho e escolher apenas o que lhe traz alegria, Mifuyu transmite leveza e realização em tudo o que faz.

Organizando os aspectos físicos e não físicos do espaço de trabalho

Como Mifuyu, muita gente que termina de arrumar o espaço físico no trabalho acaba decidindo organizar também os aspectos não físicos, como dados digitais, e-mails, redes de contatos e o uso do tempo. Quando as pessoas arrumam seu espaço físico escolhendo apenas o que lhes traz alegria e percebem como é libertador trabalhar num ambiente limpo e organizado, acho que é uma reação natural querer arrumar todo o restante.

Mas como fazer isso? Aplicando os princípios do Método KonMari apresentados no Capítulo 2: visualizar uma rotina de trabalho ideal, organizar por categoria, estabelecer um prazo claro e arrumar de forma rápida e completa, de uma vez só. Na hora de escolher o que manter e o que descartar, use os critérios listados nas páginas 44-46: coisas que trazem alegria por si sós, coisas que proporcionam alegria pela praticidade e coisas que prometem alegrias no futuro.

Dito isso, saiba que cada uma das categorias não físicas tem características únicas quando se trata de arrumação.

Scott falará disso em detalhes dos Capítulos 4 ao 10, enquanto apresentarei algumas ideias sobre organização de dados digitais e gestão de tempo, redes de contatos e decisões, bem como reuniões, equipes e cultura, temas que não podemos evitar se quisermos ter alegria no trabalho ao colaborar com outras pessoas.

A lista de categorias não físicas pode parecer grande, mas não fique intimidado. Uma vez que iniciar a transformação, você ficará ansioso para aplicar suas habilidades de organização em outras áreas da sua vida. Esse é o impacto que uma boa arrumação pode provocar. Portanto, fixe na mente a imagem de uma vida profissional que lhe traz alegria e siga em frente.

CAPÍTULO 4

ORGANIZANDO O TRABALHO DIGITAL

Tony trabalhava no departamento de marketing de uma empresa de energia e perdia muito tempo tentando descobrir onde salvar e localizar documentos digitais. Espalhados na rede, nos aplicativos da Microsoft, no disco rígido do computador e em programas para trabalho em equipe como Yammer, seus arquivos estavam uma bagunça. O fluxo ininterrupto de e-mails, textos e mensagens de voz que consumiam a maior parte do seu tempo só tornava as coisas mais insustentáveis.

A tecnologia dominara seus dias de trabalho (e suas noites e seus fins de semana), e ele precisava fazer algo a respeito. Decidiu mudar sua gravação na caixa postal:

Seu recado não será ouvido. Por favor, envie um e-mail para que sua solicitação tenha prioridade e seja devidamente respondida.

Claro que ainda havia muitas outras maneiras de as pessoas entrarem em contato, mas ele finalmente se sentiu mais no controle. A mudança o encorajou a organizar os e-mails. Como não podia se desligar do e-mail sem ser demitido – quem pode? –, fez mudanças mais realistas. Lidava com as mensagens que chegavam à sua caixa de entrada diariamente para impedir que se acumulassem. Respondia solicitações simples no mesmo dia e resolvia todo o resto em até uma semana. Ele está bem mais feliz agora, e as pessoas notam isso. O que no início parecia uma atitude radical foi copiada por muitos de seus colegas de trabalho.

Não faltam dicas e tutoriais sobre como gerenciar e-mails e organizar os arquivos e o celular. Também há muita informação sobre o que deve ser feito para administrar a vida digital. Cada trabalho tem requisitos tecnológicos diferentes. Algumas empresas obrigam os funcionários a usar um software específico para troca de mensagens. Para certos profissionais, como médicos e policiais, estar sempre conectado é uma necessidade. Você tem que descobrir o que funciona melhor para o seu caso e se manter firme. Ao organizar sua vida digital, o principal objetivo é encontrar uma maneira de ter mais controle sobre a tecnologia.

Para a maioria das pessoas, a vida digital se divide em três partes principais – documentos digitais (relatórios, apresentações, planilhas, etc.), e-mails e aplicativos de celular – que apresentam o mesmo problema: é muito fácil ir salvando tudo, então é isso que fazemos, a ponto de sentir que estamos perdendo o controle sobre a tecnologia que supostamente deveria nos ajudar. E, diferente do que ocorre com itens físicos, não percebemos que os itens digitais estão se acumulando até ser tarde demais e ficarmos sem espaço para armazenamento, não conseguirmos encontrar mais nada, demorarmos a carregar qualquer coisa por causa da lentidão no sistema ou sermos bombardeados sem parar com notificações. Mas não precisa ser assim.

Para assumir o controle de sua vida digital, analise cada uma das categorias, começando pelos documentos, passando depois pelos e-mails e, por fim, chegando aos aplicativos do celular.

Crie poucas pastas para seus documentos digitais

Você vai começar pela seção "Documentos" no disco rígido do seu computador e suas pastas, que contêm a maior parte de seus documentos digitais. Depois, poderá analisar a área de trabalho. Em seguida, passará para as outras pastas encontradas na maioria dos computadores, como as de imagens ou vídeos.

O primeiro passo é examinar cada arquivo, incluindo os que estão dentro das pastas, e perguntar a si mesmo:

- Preciso deste documento para fazer meu trabalho?
- Este documento vai me fornecer orientação ou inspiração para trabalhos futuros?
- Este documento me traz alegria?

Se a resposta for não para todas essas perguntas, exclua o arquivo.

É possível que você se lembre do conteúdo de um documento só pelo nome do arquivo, mas pode ser necessário abri-lo.

Se uma subpasta contiver arquivos sobre um tópico que você decidiu não manter, vá em frente e exclua a subpasta inteira.

Para evitar problemas, é importante seguir as regras da empresa ou o padrão do setor em relação ao armazenamento de arquivos. Se, por alguma questão técnica, você não puder excluir os arquivos, mova-os para um lugar de arquivamento fora de sua área principal de documentos. Embora ainda ocupem espaço, estarão separados daqueles que você realmente deseja manter. Com menos distração visual, ficará mais fácil encontrar o que precisa.

Independentemente do setor ou da empresa, a maioria das pessoas pode excluir as versões de rascunho dos documentos finais e as listas de tarefas cumpridas, assim como esvaziar a lixeira do computador. Eu limpo a minha no último dia de cada mês.

~

A tecnologia de busca por arquivos melhorou tanto que organizar os documentos ficou bem mais fácil. Estudos mostram, no entanto, que as pessoas preferem encontrar seus arquivos navegando[1] pelas pastas em vez de usar a ferramenta de busca. Há algo reconfortante em saber exatamente onde um documento digital está armazenado.

Mesmo que de cara você use a busca, é importante organizar seu material digital. Se seus arquivos estão espalhados, a pesquisa pode apresentar resultados falsos. Você não quer que a busca por um "brinde" entregue recentemente a um cliente apresente resultados relacionados à última festa de aniversário do seu filho. E, se existirem muitas versões parecidas de um documento, descobrir qual é a mais recente pode ser uma luta.

Crie algumas poucas pastas principais para não perder tempo decidindo onde colocar ou encontrar algo. Depois, você pode usar a ferramenta de busca dentro da pasta para localizar rapidamente o que precisa. O trabalho de cada pessoa tem requisitos específicos, mas as três pastas principais que eu uso devem se encaixar na realidade da maioria:

Projetos em andamento. Você vai criar uma subpasta para cada projeto, mas a ideia é não ultrapassar 10 pastas. Afinal de contas, quantas pessoas trabalham simultaneamente em mais de 10 projetos? Se for o seu caso, fique atento ao próximo capítulo, que ensina a gerenciar o seu tempo.

Normas e registros. Esta pasta contém políticas e procedimentos que você acessa regularmente. São arquivos em geral fornecidos por outras pessoas e você não pode modificá-los. Entre os exemplos estão contratos jurídicos e fichas de funcionários.

Biblioteca de trabalhos. Esta pasta inclui arquivos de projetos anteriores com o potencial de facilitar o seu trabalho no futuro, como é o caso da apresentação para um cliente antigo que pode servir de modelo para a próxima. Outros tipos de trabalho que devem ser salvos abrangem pesquisas que podem ser úteis em outras ocasiões, como benchmarking de concorrentes ou mesmo conteúdos do seu setor. Também pode ser útil salvar alguns projetos a fim de ter um portfólio para mostrar a clientes potenciais ou para o treinamento de novos funcionários.

Se você decidir manter arquivos pessoais no mesmo espaço, acrescente uma pasta "Pessoal", de modo a não misturar esses arquivos com os de trabalho.

Manter os documentos digitais organizados é bem mais fácil quando você tem um pequeno conjunto de pastas básicas e intuitivas. Caso decida manter um arquivo novo, coloque-o na pasta mais adequada. Senão, exclua-o. A funcionalidade de suas pastas melhorará à medida que você colocar arquivos parecidos no mesmo lugar e mantiver apenas o que precisa.

Quando os projetos terminarem, decida se eles merecem ser movidos para sua pasta "Biblioteca de trabalhos" ou se podem ser descartados. Não há necessidade de armazenar documentos como políticas da empresa se eles estiverem acessíveis em outros lugares ou se não serão utilizados novamente.

A área de trabalho deve trazer alegria

A área de trabalho do computador é um lugar especial. Para muita gente, no entanto, é um depósito de lixo, cheia de arquivos usados apenas uma vez, fotos velhas ou documentos esquecidos. Eu costumava armazenar tantos arquivos na minha área de trabalho que não conseguia nem ler seus nomes. Toda vez que iniciava o computador, era saudado por uma confusão visual, e quase tudo que estava lá não tinha mais utilidade.

Transforme sua área de trabalho num lugar que o ajude a trabalhar melhor e que lhe traga alegria.

A área de trabalho pode incluir documentos pendentes que precisam ser processados, como relatórios a serem lidos, apresentações a serem finalizadas naquele dia ou faturas não pagas.

Gosto de criar uma pasta chamada "Traz alegria" na área de trabalho, onde incluo arquivos como uma pesquisa publicada da qual me orgulho muito, alguma avaliação boa de um treinamento ou um vídeo de uma palestra recente. Renovo esses itens à medida que vou tendo mais material. Também mantenho uma foto recente da família. Por fim, seleciono um papel de parede inspirador.

> ### A ÁREA DE TRABALHO DO COMPUTADOR DE MARIE
>
> As únicas coisas que mantenho na minha área de trabalho são uma pasta chamada "Armazenamento" e itens que pretendo usar naquele dia, como fotos.
>
> Encaro a área de trabalho como um espaço de trabalho, exatamente como se fosse a minha mesa, então deixo à vista apenas o que pretendo usar de imediato. A pasta de armazenamento é como um gaveteiro onde guardo minhas pastas físicas. Dentro dela estão duas subpastas, uma com o nome "Documentos" e outra com o nome "Fotos", além de um documento que preciso revisar em breve e fotos que usarei nos próximos dias. A pasta "Fotos" tem imagens que pretendo usar em projetos no futuro próximo.
>
> A pasta "Documentos" contém arquivos de texto, apresentações em PowerPoint e arquivos PDF. Como adoro arrumar e organizar, tenho uma pasta separada para cada uma dessas categorias, mas, para ser sincera,

não é preciso ir tão longe. Você pode encontrar qualquer documento facilmente fazendo uma busca pelas palavras-chave.

É na pasta "Fotos" que as categorias são fundamentais. Quando baixamos esse tipo de arquivo, em geral eles têm nomes irreconhecíveis que são difíceis de localizar, mas é impossível mudar cada um deles. Por isso, o melhor é separá-los em pastas de acordo com o uso. No meu caso, criei pastas para as imagens que decidi salvar para usar no trabalho, como "Fotos de arrumação" e "Capas de livros", e ainda as pastas "Para Instagram" ou "Para o blog", nas quais armazeno temporariamente as imagens que serão excluídas logo que forem postadas.

A alegria proporcionada por uma área de trabalho organizada pode ser viciante, mas confesso que só comecei a manter a minha assim recentemente. Um dia, uma fã me abordou quando eu estava trabalhando com o notebook numa cafeteria. Fiquei tão envergonhada pela aparência desorganizada da minha tela que desde então tenho mantido minha área de trabalho impecável.

A forma ideal de classificar suas pastas digitais vai depender do que fizer mais sentido para você na sua linha de trabalho. As ideias acima são apenas dicas para sua referência. **M. K.**

Não deixe que os e-mails atrapalhem seu trabalho

Enviamos e recebemos e-mails demais, mas a gravidade desse problema pode ser maior do que se imagina. Um funcionário que trabalha em escritório passa em média metade do dia respondendo a e-mails,[2] e estudos mostram que a maioria dos profissionais acha que os e-mails interferem na realização do trabalho[3] propriamente dito.

Esse certamente era o caso de Sasha. Como muitas microempresárias, essa consultora de branding sentia que precisava estar sempre disponível para os clientes. Mas o estresse de verificar o e-mail toda hora acabou afetando seu sono e seu negócio. "Eu passava tanto tempo tentando dar conta das mensagens que isso prejudicou bastante o crescimento e a produtividade da empresa", contou ela.

Segundo as pesquisas, quanto mais tempo você passa verificando e-mails, mais elevados são seus níveis de estresse e menor é sua produtividade.[4] Sasha sabia que esse era o seu caso, então começou a definir um período em sua agenda para responder as mensagens dos clientes, evitando verificar a caixa de entrada o restante do dia.

Ela fez questão de avisar os clientes sobre o novo "horário para e-mails". No início, achou que eles ficariam chateados e com a sensação de que o nível do serviço tinha piorado, mas, na realidade, todo mundo saiu ganhando. Sasha conseguiu o tempo de que precisava para se concentrar em suas principais tarefas e seus clientes receberam menos e-mails, porém mais focados.

Sei bem como é tentador verificar o e-mail o tempo todo. Eu me preocupo com a possibilidade de deixar passar algo importante, e há uma parte de mim que acha que ser responsável significa estar sempre disponível. Mas então lembro a mim mesmo que tenho outras obrigações, em geral mais importantes.

Se você se sente permanentemente tentado a ler e responder mensagens, crie seu próprio "horário para e-mails" e dê a si mesmo espaço para desfrutar o trabalho sem interrupções, mesmo que só consiga se desconectar por 30 minutos diariamente.

~

Pesquisas identificaram as três principais formas de lidar com o e-mail.[5] Todas elas podem causar problemas.

Alguns indivíduos limpam constantemente sua caixa de entrada. Esses **arquivistas frequentes** estão sempre alertas para a chegada de e-mail, e, quando recebem um novo, entram logo em ação. Param o que estão fazendo, leem a mensagem e a arquivam na mesma hora. Eis o problema: uma única interrupção para responder a um e-mail pode fazer você gastar 26 minutos[6] até conseguir retomar o que estava fazendo.

Os usuários que se encaixam nesse tipo acabam se prejudicando ainda mais quando também usam um sistema complexo e compartimentado de pastas. Além de exigir muito tempo para manter tudo organizado, esse sistema dificulta encontrar qualquer coisa e complica o arquivamento dos e-mails.[7] De fato, as pesquisas mostram que é muito trabalhoso administrar mais de 20 pastas.[8] Com tantas pastas, perdemos muito tempo procurando o local certo para armazenar mensagens, e depois para lembrar onde elas foram colocadas.

A segunda maneira de gerenciar caixas de entrada é fazendo limpezas esporádicas. Esses **faxineiros** alternam períodos com montanhas de e-mails desorganizados, sem nunca encontrar nada, com períodos breves de caixas de entrada quase vazias, que é exatamente a fase após a exclusão da maior parte das mensagens. É o pior de dois mundos: viver em meio à desordem e depois perder mensagens importantes.

Sei que parece estimulante passar de uma caixa de entrada abarrotada para uma vazia, mas essa empolgação vai logo se transformar em frustração se você excluir por engano alguma mensagem fundamental.

A terceira abordagem é simplesmente deixar os e-mails se acumularem na caixa de entrada. Esses **acumuladores** de e-mails não sabem, ou não querem, gerenciar suas mensagens. Eles dependem da função de busca do programa para tudo. A tecnologia de busca é muito boa, mas funciona melhor e com mais rapidez se não precisar vasculhar montes de mensagens irrelevantes.

Gerenciar os e-mails não precisa ser algo complicado nem demorado. Basta manter o que é necessário para o futuro e armazenar os e-mails num conjunto lógico de algumas poucas pastas.

Comece pela caixa de entrada, que é um espaço temporário para e-mails à espera de análise e processamento. Ali não é o lugar para armazenar as mensagens que você deseja manter permanentemente, muito menos para guardar tudo que foi recebido.

Na hora de decidir se deve ou não manter um e-mail, faça a si mesmo a seguinte pergunta:

- Preciso manter este e-mail para realizar o meu trabalho no futuro? (Às vezes precisamos rever uma troca de mensagens ou ter o registro de uma conversa.)
- Ler este e-mail novamente fornecerá conhecimento, inspiração ou motivação para trabalhos futuros?
- Este e-mail me traz alegria?

Descubra um método que faça sentido para você e para seu trabalho. Como no caso dos documentos digitais, tenha como objetivo um número razoável de pastas, algo entre 10 ou menos, incluindo subpastas. Sabendo que dá para fazer uma busca nos e-mails, se os projetos forem relacionados, você poderá armazená-los na mesma pasta. Por exemplo, se tem projetos como "Blog", "Instagram" e "Facebook", crie uma pasta chamada "Mídias sociais" e junte todos eles.

Outras pastas importantes podem incluir alguma para normas e registros, para guardar, por exemplo, os e-mails de políticas corporativas enviados por seu gestor. Também gosto de manter uma pasta de itens agradáveis, onde coloco as mensagens que leio quando estou tendo um dia difícil: de estudantes me agradecendo por uma ótima aula, de colegas me parabenizando por minha pesquisa e de clientes com elogios sobre minha consultoria ou alguma palestra.

Se dentro de um e-mail houver algum anexo importante que você deseja manter, é melhor salvar o anexo na pasta apropriada do computador, junto com outros documentos digitais.

Quando terminar de guardar os e-mails nas pastas e de

limpar sua caixa de entrada, verifique as pastas existentes. Comece definindo quais vale a pena manter. Se você tiver o hábito de salvar todas as mensagens, analisar cada uma será um trabalho demorado. Descarte as pastas que não são mais necessárias (no meu caso, são aquelas com aulas já dadas). Mais uma vez, não se esqueça de seguir todos os requisitos organizacionais ou do setor em relação à retenção de dados. Além disso, não mexa na pasta "Enviadas". Ela continua podendo auxiliar nas buscas, e, nesse caso, analisar de maneira seletiva cada mensagem existente não vale o esforço.

Por fim, crie o hábito de processar seus e-mails todos os dias. Quando mensagens novas chegarem, mude da mentalidade de guardar tudo para a de descartar tudo, a não ser que haja uma boa razão para manter alguma. É indicado programar algumas sessões diárias para verificar a caixa de entrada, como no início e no final do expediente. Você vai perceber que uma coisa que achava que precisava responder na parte da manhã acabou sendo resolvida ao longo do expediente. Definir um período para processar os e-mails também reduz as distrações e permite que você se concentre no que é mais importante. Deixe que as pessoas que dependem de você conheçam seu sistema e ofereça uma alternativa para entrarem em contato em caso de urgência. Assim, não precisará verificar a caixa de entrada constantemente.

Se você está tenso, achando que o método que acabei de descrever não funcionará porque você já vem negligenciando seus e-mails há muito tempo, tenho um truque simples para ensinar. Pegue todos os seus e-mails e os coloque em uma pasta "Armazenamento". A pasta estará disponível para pesquisas, caso precise recuperar alguma coisa. Agora, com a caixa vazia, comece do zero e mantenha apenas o que deseja, organizando os e-mails daqui para a frente num conjunto de no máximo 10 pastas.

Ficou confuso com a dica para transferir a bagunça digital de sua caixa de entrada para um local de armazenamento, achando que está trapaceando?

~

Seja qual for a sua maneira de lidar com os e-mails, todo mundo concorda que receber menos mensagens é a solução ideal. Seu trabalho não pode se resumir apenas a responder e-mails. O e-mail é uma das muitas ferramentas para fazer seu trabalho, mas não é o trabalho em si.

Para diminuir a quantidade de mensagens recebidas, comece analisando as newsletters ou os boletins informativos e as malas diretas. Você se inscreveu em algum momento para recebê-los, talvez para se aprimorar no trabalho, mas este é o momento da verdade: quais realmente ajudam você a alcançar a vida profissional ideal e quais são apenas mais uma fonte de distração? Organize tendo a premissa de que vai cancelar a assinatura de todos eles e manter apenas os que lhe trazem alegria. Faça o mesmo com qualquer boletim informativo que receber após a arrumação.

Na sequência, reduza o número de e-mails que você envia às pessoas. Só porque enviar um e-mail é fácil não significa que você deva fazer isso o tempo todo. Dê o bom exemplo e envie apenas as mensagens necessárias para a realização de seu trabalho. Ao mandar menos e-mails, provavelmente você receberá menos respostas.

Envie e-mails somente para quem for responsável por uma ação ou precisar ser consultado ou informado a respeito de algo. Não saia copiando todo mundo. Se for apropriado, converse com seus colegas, pergunte se eles querem ser incluídos numa conversa que gerará muitas trocas e conheça as preferências das pessoas. Pare e pense antes de copiar alguém em uma mensagem e seja honesto consigo mesmo: você está adicionando esse colega porque ele realmente deve ser informado? Está adicionando porque precisa de uma resposta dele? Ambas são boas razões. Não coloque ninguém em cópia como forma de humilhação ou acusação, nem para parecer mais importante.

Seja cuidadoso com a opção "Responder a todos". Se você tem uma pergunta que é aplicável somente ao remetente, pergunte apenas ao remetente. Não seja aquele tipo de pessoa que enche a caixa de entrada dos outros sem querer ao copiar todo mundo na sua resposta sobre os planos para o almoço.

A CAIXA DE ENTRADA DE MARIE

Quando vejo muitos e-mails acumulados, sempre me vem à mente a imagem de uma caixa de correio transbordando de cartas.

Os únicos e-mails que mantenho em minha caixa de entrada são aqueles que estão pendentes, como os que pedem uma resposta ou algum tipo de ação, ou então os que quero ler com calma mais tarde.

Para manter o volume num nível gerenciável, limito o número de e-mails pendentes a 50, o número máximo que pode ser exibido na página. Quando preciso guardar algum deles, transfiro para uma destas pastas simples: "Trabalho", "Pessoal" e "Financeiro". É muito fácil encontrar uma mensagem pela ferramenta de busca, então não há necessidade de criar um monte de categorias.

Costumo excluir na hora os e-mails de que não preciso mais, como os boletins informativos já lidos. Os que estão nas pastas "Spam" e "Lixeira" são deletados automaticamente após 30 dias, mas fico inquieta quando e-mails se acumulam, então às vezes apago o conteúdo dessas pastas manualmente.

Talvez eu seja um pouco radical em minha abordagem, mas os praticantes do Feng Shui dizem que arrumar a caixa de entrada lhe trará as informações de que você precisa no momento em que precisar delas. Se você notar que não tem recebido boas informações em tempo hábil, ou quiser ter mais sorte no trabalho, recomendo organizar sua caixa de entrada. **M. K.**

Menos aplicativos no celular = menos distrações

Segundo pesquisas, cada pessoa usa o celular em média 85 vezes por dia,[9] totalizando mais de cinco horas de uso. Existe uma razão para isso. Muitos aplicativos são desenvolvidos com o objetivo específico de nos deixar viciados neles e, por isso, podem nos distrair do trabalho.

Aqui vai um dado impressionante: a mera presença de um celular próximo pode fazer você ter um desempenho pior,[10] mesmo que ele esteja na mesa no modo silencioso. Num experimento, os pesquisadores instruíram os participantes a deixarem seus celulares em um de três lugares possíveis: sobre a mesa, no bolso ou na bolsa, ou em outra sala. Depois, pediram que todos os participantes realizassem as mesmas tarefas, o que incluía fazer uma conta e um teste simples de memória. Os celulares foram colocados no modo silencioso e, se estivessem sobre a mesa, ficavam com a tela virada para baixo. Isso impedia que os participantes soubessem se tinham recebido alguma mensagem ou notificação.

Quando os pesquisadores analisaram os resultados, descobriram algo surpreendente. Quanto mais acessível estava o celular – nesse caso, sobre a mesa –, pior a pessoa se saía nos testes de matemática e memória. Conclusão: o simples fato de saber que o telefone estava perto causava distração e era mentalmente desgastante, mesmo que estivesse em modo silencioso e sem a tela visível. Pensar no que poderíamos estar perdendo ou fazendo com o celular ocupa nossos recursos mentais.

Em outro estudo, constatou-se que manter o celular por perto durante uma prova reduz as notas dos alunos.[11] Sim, os celulares podem ajudar na produtividade, mas, quando estamos muito obcecados por eles, acabam atrapalhando nossas atividades.

Silencie todas as notificações, a não ser as essenciais, e mantenha o aparelho fora do alcance quando não estiver precisando dele. Desligue-o durante as refeições e mantenha-o distante à noite. Você não precisa levar o celular para todo lugar. (Um estudo recente descobriu que quase três quartos dos americanos

levam o celular para o banheiro.[12] Por favor, o e-mail, a mensagem ou a notificação podem esperar você dar a descarga!)
Se você tivesse menos aplicativos no seu telefone, teria menos distrações e menos motivos para mantê-lo por perto. Apesar de ser empolgante baixar o app mais recente, a maioria das pessoas nunca exclui um aplicativo mesmo quando ele não é mais necessário ou não traz alegria. Ao fazer uma limpeza em seus aplicativos, você economiza espaço e preserva a vida útil da bateria para aqueles que trazem alegria.
Agora, pegue seu celular e analise cada aplicativo. Indague a si mesmo:

- Este aplicativo é obrigatório? Algumas empresas exigem determinados aplicativos para todos os funcionários, ou para trabalhos específicos, então esses você precisará manter.
- Este aplicativo me ajuda a trabalhar melhor? Seja um app de produtividade ou de controle de despesas, mantenha os que o tornem melhor em seu emprego ou que o aproximem de sua vida profissional ideal. Não invente desculpas para manter aplicativos, do tipo "Paguei por isto" ou "Um dia ele pode ser útil". Se ele estiver inativo em seu celular há meses, você não vai acordar um dia e finalmente decidir usá-lo.
- Este aplicativo me traz alegria? Mantenha os aplicativos que você realmente gosta de usar.

Depois de refletir sobre essas questões, se você descobrir que não vale a pena manter um aplicativo, livre-se dele. Se, por alguma razão, ele for necessário no futuro, é fácil baixá-lo novamente e, em geral, não é preciso pagar de novo.

Após essa faxina nos aplicativos, é hora de separá-los por categorias e organizar sua tela. Quando você fizer a divisão por categorias, pense para que serve cada app e com que frequência você o utiliza. Uma estratégia é reunir os mais usados na tela inicial. Outra é guardá-los em pastas, como "Produtividade", "Empresa", "Mídias sociais", "Viagem" e assim por diante. Se você não tem muitos aplicativos, pode simplesmente dividi-los entre as pastas "Trabalho" e "Casa". Como cada um de nós usa o celular de forma diferente, não existe uma estratégia única, perfeita para todos.

> **OS APLICATIVOS DE MARIE**
>
> A tela inicial do seu celular pode ser uma fonte importante de alegria se for mantida organizada. Eu deixo na tela inicial os aplicativos que mais uso, como os de e-mail e agenda, além dos apps de fotografia, e coloco o restante em três pastas: "Negócios", "Vida" e "Alegria". Tenho apenas 10 aplicativos visíveis e faço questão de distribuí-los em três telas diferentes, sempre alinhados no topo. Dessa forma, consigo ver o que realmente me traz alegria toda vez que olho para o telefone: as fotos das minhas filhas.
>
>   É bem mais divertido fazer essa arrumação quando nos concentramos em como fazer a tela de nosso celular trazer alegria em vez de em como está uma bagunça. **M. K.**

Lembre-se de que é você quem manda em seus recursos tecnológicos. Deixe a tecnologia atuar a seu favor melhorando sua vida profissional e ajudando-o a ver com mais clareza como seu trabalho pode ser uma fonte de alegria. Ao organizar seus documentos digitais, e-mails e aplicativos, você começará a entender que eles são apenas ferramentas para auxiliá-lo no trabalho, não um depósito que precisa arquivar toda a sua vida profissional.

CAPÍTULO 5

ORGANIZANDO O TEMPO

Os dias de Christina começavam às seis da manhã e terminavam por volta da meia-noite, quando ela fazia a primeira e única refeição do dia. Em sua cozinha, comendo uma tigela de cereais, ela desfrutava de um raro momento de tranquilidade, pois passava a maior parte do dia num trabalho que considerava insuportável.

Na teoria, o emprego parecia combinar com ela. Christina comandava uma startup dentro de uma importante organização não governamental sem fins lucrativos, unindo seu espírito empreendedor com a paixão por ajudar os outros. Então, qual era o problema?

A agenda dela era um caos. Quando começou a se sentir desprestigiada no trabalho, ela decidiu assumir alguns projetos paralelos. Achou que preencher a semana com trabalhos voluntários e cursar um segundo mestrado a fariam se sentir mais inteligente, talentosa e produtiva. Não fizeram. Ela estava exausta.

Por mais ocupada que estivesse, se alguém quisesse marcar uma reunião, ela prontamente atendia o pedido. Era muito fácil dizer sim a algo no futuro para evitar uma negativa difícil ou constrangedora no presente. E, uma vez que um compromisso entrava em sua programação, ela se sentia na obrigação de cumpri-lo. Em sua agenda, as próximas seis semanas já estavam totalmente tomadas.

Com pouco tempo para a família e os amigos, sua vida pessoal era negligenciada. Ela já não cuidava da saúde, não saía mais para se divertir e se sentia péssima. Sem um sistema para organizar a forma como usava seu tempo, acabou deixando sua agenda tomar conta da sua vida.

O primeiro passo de Christina foi visualizar o que seria sua vida ideal no trabalho: "Quero espaço para dizer sim à espontaneidade. Quero poder estar num trem atrasado ou ficar atrás de uma criança pequena que anda devagar sem me sentir frustrada pelo atraso e por saber que isso vai desorganizar meu dia rigorosamente controlado. Quero me sentir menos irritada."

Depois, ela exportou todos os compromissos da agenda para uma planilha de Excel e anotou quanto tempo demoraria em cada atividade. Em seguida, comparou essa tabela com a forma como gostaria de passar seu tempo. Também classificou cada atividade de acordo com o fator alegria. O resultado foi surpreendente: quase metade de seu tempo era gasto em atividades que não lhe traziam alegria. Ela estava arranjando tempo para as coisas erradas.

Com o objetivo de dedicar tempo apenas ao que a aproximava

da vida ideal no trabalho, Christina parou de dizer sim para tudo e passou a dizer não para tudo, abrindo exceção apenas para as atividades mais importantes. "Entendi que o que produzia aquela agenda maluca era o fato de eu estar acrescentando coisas que me faziam feliz para compensar as que não me faziam feliz e, assim, não precisar resolvê-las", concluiu.

Christina educadamente cancelou todos os compromissos que não achava proveitosos, inclusive reuniões regulares adicionadas automaticamente à sua agenda – aquelas em que os organizadores em geral aparecem atrasados e quase sempre sem uma pauta definida. Também pediu que as pessoas respeitassem seu tempo, sugerindo que trocassem um encontro de 30 minutos por um telefonema rápido. Embora alguns tenham estranhado sua atitude, a maioria foi compreensiva.

Obviamente, Christina ainda tinha responsabilidades no trabalho. Precisava responder e-mails e fazer outras tarefas para exercer sua função, mas conseguiu eliminar muitas atividades desnecessárias. Com mais tempo sobrando, começou a ter prazeres simples, como preparar o jantar, exercitar-se com regularidade e sair com os amigos nos fins de semana. Logo conheceu o amor de sua vida e ficou noiva.

Com a vida pessoal reativada, surgiu uma oportunidade que só foi possível graças à sua nova estratégia de gestão do tempo. Ela aceitou um convite de última hora para uma festa de gala e, enquanto desfrutava o jantar, iniciou uma conversa com o executivo de uma startup que logo lhe fez uma oferta de emprego. Esse encontro casual lhe proporcionou a oportunidade que ela buscava – um recomeço para sua carreira e um ambiente de trabalho que apreciava suas contribuições e valorizava seu tempo.

Todo trabalho tem suas frustrações, e o novo trabalho de Christina não era exceção. Mas ela já não era uma escrava da mentalidade de dizer sim a qualquer coisa, que mantinha sua agenda sobrecarregada num trabalho que lhe trazia pouca alegria. Como ela mesma reconheceu: "Nem tudo no meu novo emprego me traz alegria, mas agora consigo ter a consciência de estar ou não interessada em participar de um projeto. Se meu trabalho como um todo não me satisfaz, é sinal de que preciso fazer mudanças."

O segredo para ser feliz no trabalho é dedicar mais tempo às atividades que trazem alegria e menos tempo às que não trazem. Parece simples, até o chefe nos passar uma tarefa que vai demorar duas vezes mais do que ele acredita, um colega pedir uma "ajudinha rápida" ou o cliente fazer pedidos impossíveis de última hora. O que podemos fazer de forma realista para recuperar o controle sobre nosso tempo?

A desordem nos objetivos prejudica a produtividade

Quando somos focados e produtivos, o dia rende mais e conseguimos trazer alegria para o trabalho. Mas isso tudo se perde quando nos dedicamos a atividades que consomem um tempo precioso e esgotam nossa energia mas não têm impacto significativo em nossa missão pessoal, profissional ou mesmo na missão da empresa. Essas atividades incluem reuniões que não produzem novas informações ou decisões melhores, projetos que têm pouca chance de serem concluídos e apresentações impecáveis que, no entanto, carecem de conteúdo significativo.

Passamos em média menos da metade do dia de trabalho envolvidos em nossas principais responsabilidades.[1] O restante do tempo é absorvido por interrupções, tarefas não essenciais, serviços administrativos, e-mails e reuniões. Como chegamos a esse ponto? Felizmente, a psicologia fornece algumas respostas. Há três armadilhas que podem nos levar a essa desordem: trabalhar em excesso nos objetivos errados para ganhar mais do que se pode usufruir (*overearning*), privilegiar tarefas urgentes em detrimento de tarefas importantes e ser multitarefas.

A armadilha do *overearning*[2]

Sou o primeiro a dizer que trabalhar duro compensa. Quando era criança, notava que os pais se gabavam uns para os outros de como seus filhos eram inteligentes ou talentosos. Os meus nunca fizeram isso. Minha mãe dizia a todo mundo que eu era muito esforçado. A sensação de realizar alguma coisa depois de ter se empenhado bastante é de fato muito boa. Mas, e se grande parte de seu esforço for desperdiçado porque você está visando alcançar coisas que não valoriza de verdade?

No trabalho, as pessoas experimentam com frequência esse esforço desperdiçado por meio daquilo que os psicólogos chamam de *overearning*, ou seja, trabalhar em excesso para ganhar mais do que pode usufruir. Imagine-se participando de um estudo. Você é convidado a entrar em uma sala e ouvir uma música agradável. É muito relaxante. Mas você tem a possibilidade de abrir mão de parte de seu tempo ali para ganhar um pouco de chocolate. Ao apertar um botão, você para a música e a substitui pelo som irritante de uma serra cortando madeira. O relaxamento acaba, mas em troca você ganha um chocolate. E precisará comer esse chocolate logo após o experimento, não poderá dividi-lo com ninguém nem guardar para comer mais tarde.

Eu adoro chocolate, então certamente me esforçaria para ganhar um. E foi o que fez a maioria dos participantes do estudo. Mas, logo depois, a coisa degringolou: assim que começaram a ser recompensados com chocolate, os participantes passaram a ter dificuldade de parar. No final, tinham se esforçado para ganhar mais chocolates do que aguentavam comer – ou mesmo que *queriam* comer.

O que esse estudo mostra é que é fácil investir muita energia em algo que no fundo não é importante para nós. As pessoas do estudo perderam de vista o fato de que o objetivo era ganhar chocolate suficiente para se satisfazer e simplesmente tentaram ganhar o máximo que podiam. Em vez de usar o tempo de uma forma que proporcionasse a recompensa que queriam, continuaram trabalhando até a exaustão. E, quanto mais se esforçavam, menos satisfatório o chocolate ficava. Já nem conseguiam saborear o fruto de seu trabalho – nesse caso, o chocolate.

Querer ganhar recompensas e ser competitivo é da nossa natureza, mas isso pode facilmente nos sabotar. Na hora de decidir como usar o tempo, lembre-se: não troque uma atividade que gostaria de continuar fazendo por uma recompensa que não valoriza. Ter consciência do que realmente queremos e de quem realmente somos pode nos proteger dessa armadilha de buscar os objetivos errados.

A armadilha da urgência

Em vez de dedicar nosso tempo a mergulhar fundo no trabalho e sentir a alegria de dar conta de uma tarefa importante, passamos de uma atividade aparentemente urgente para a próxima. Assim, não sobra muito tempo para pensar ou crescer. Pesquisas mostram que metade das atividades de um executivo dura menos de nove minutos,[3] o que os deixa sem muito tempo para reflexão. Supervisores de fábricas realizam em média 583 atividades[4] descontínuas num turno de oito horas. Funcionários de nível intermediário têm em média apenas um bloco ininterrupto de 30 minutos ou mais de trabalho[5] a cada dois dias.

Se você for como a maioria, é provável que trabalhe no piloto automático, aceitando e concluindo tarefas com base no que parece mais urgente e não no que é realmente importante. Não é nenhuma surpresa, portanto, que mais de 50% das pessoas se sintam sobrecarregadas[6] em pelo menos parte do tempo, o que as leva a cometer erros no trabalho e a ficar irritadas com os empregadores e ressentidas com os colegas.

Influenciados por fenômenos psicológicos que nos fazem achar que as atividades urgentes são as mais importantes, em geral priorizamos as coisas erradas. Não confunda tarefas urgentes com tarefas importantes. Elas não são a mesma coisa.

Tarefas urgentes são aquelas que devem ser feitas dentro de um prazo definido. Se não forem concluídas a tempo, não poderão mais ser feitas, como é o caso de jantar com a cliente no único dia em que ela está na cidade, ajudar um colega a cumprir o prazo de um projeto ou participar do retiro anual da equipe.

Com as tarefas importantes a coisa já é diferente. Realizá-las traz resultados positivos vitais e não as realizar traz sérias consequências negativas. Alguns exemplos: o desenvolvimento pessoal por meio da leitura e do estudo, a atualização de um produto e a construção de um bom relacionamento com os colegas.

Algumas tarefas são ao mesmo tempo importantes e urgentes, e a maioria das pessoas prioriza esse tipo, como, por exemplo, pagar impostos, responder a uma oferta de emprego ou acalmar um cliente chateado. Portanto, acaba sendo natural não privilegiarmos as tarefas que não têm urgência nem importância, como é o caso de verificar as redes sociais ou fazer compras on-line durante o expediente (pelo menos na maioria das vezes!).

E quanto às tarefas que são urgentes mas não importantes, como participar da reunião semanal da empresa ou atender a ligação de um colega? Ou as tarefas que são importantes mas sem urgência, como o planejamento de carreira a longo prazo? Reflita e responda: no que você vai trabalhar hoje? Provavelmente nas tarefas urgentes.

Há uma razão para darmos prioridade às tarefas urgentes. As tarefas importantes tendem a ser mais difíceis de concluir que as urgentes, e isso nos faz ter mais relutância em iniciá-las. As tarefas urgentes têm um retorno mais imediato, o que as torna mais atraentes de iniciar e agradáveis de terminar. Se você está tentando se sentir bem, pelo menos no curto prazo, tirar da lista de pendências uma tarefa urgente faz todo o sentido. No longo prazo, no entanto, você não está fazendo o tipo de trabalho que realmente importa para sua carreira e para a empresa.

Também somos levados a nos concentrar nas tarefas urgentes por conta de prazos artificiais. Há muita "falsa urgência" no trabalho. Quando um colega ou cliente pede que você volte a entrar em contato dentro de uma semana, você se pergunta de onde ele tirou esse prazo? Muitas vezes, uma data-limite é completamente arbitrária. Verifique sempre se de fato faz sentido.

Além disso, quando achamos que estamos ocupados com outras coisas, mesmo quando isso não é verdade, acontece de ficarmos ainda mais propensos a nos deixar intimidar por falsas urgências.[7] Com tanta coisa para fazer e mais um prazo urgente, quem tem tempo para descobrir qual tarefa "importante" deve ser concluída primeiro?

A armadilha da multitarefa

Tenho certeza de que você conhece pessoas que se vangloriam de sua capacidade de ser multitarefas. Elas são rápidas ao mencionar seus poderes sobre-humanos que lhes permitem fazer várias coisas ao mesmo tempo. Eu costumava ter muita inveja delas. Pensava no tempo que economizaria se conseguisse realizar duas tarefas simultaneamente. O que eu não sabia era que, apesar de fazerem várias coisas ao mesmo tempo, os multitarefeiros em geral não fazem nada com grande qualidade.

Quando me tornei psicólogo organizacional, aprendi um segredinho: apesar do que fomos levados a acreditar, as pessoas que dizem realizar várias tarefas ao mesmo tempo costumam estar entre as menos produtivas.

Pesquisas revelam dois fatos surpreendentes sobre a noção de ser multitarefas. Primeiro, que isso diminui a produtividade em até 40%.⁸ Segundo, que os multitarefas normalmente têm menos capacidade de fazer as coisas com sucesso.

O cérebro humano só consegue pensar em um número limitado de coisas ao mesmo tempo. Se você assumir atividades demais, acabará tendo um desempenho medíocre em várias coisas em vez de realizar bem uma única delas.

Ao contrário do que muita gente acredita, ser multitarefas não envolve fazer várias atividades de forma simultânea. Basicamente, significa mudar com rapidez de uma para outra⁹ sem realizar nenhuma delas com eficácia. E, como as pessoas multitarefas não prestam atenção¹⁰ ou não alternam muito bem entre as tarefas, cometem muitos erros.

Com o tempo, isso leva as pessoas a priorizar as atividades erradas. Assim como aqueles que caem na armadilha da urgência, os multitarefas reagem exageradamente ao que está na sua frente em qualquer momento, não ao que é necessário para alcançar objetivos em geral mais importantes no longo prazo. À medida que aumenta a dificuldade do trabalho, as desvantagens¹¹ de multitarefar também aumentam.

Se ser multitarefas nos torna menos produtivos, por que continuamos fazendo isso? Quem faz várias coisas ao mesmo tempo não age assim porque é bom nisso, mas porque sofre para bloquear as distrações¹² e se concentrar em uma única atividade. Assim, a pessoa compensa tentando fazer várias coisas ao mesmo tempo. Não acredite que os multitarefas são mais produtivos e que todo mundo deveria ser como eles. Bobagem. Fazer várias coisas precariamente não é o caminho para a produtividade.

Crie uma pilha de tarefas para descobrir qual é de fato o seu trabalho

Como utilizar seu tempo com eficácia quando a agenda lotada puxa você em várias direções simultaneamente? O segredo para escapar das armadilhas do *overearning*, da urgência e das multitarefas é estar consciente da forma como está utilizando seu tempo – e então focar naquilo que lhe traz alegria. Há um jeito simples de assumir o controle sobre o modo como passamos nossos dias. Em vez de se perguntar quais atividades você deveria eliminar, pergunte quais deve manter.

Comece separando tudo o que você faz em pilhas. Da mesma forma que fez com os itens físicos do espaço de trabalho que Marie ajudou você a organizar, basta pegar cada uma de suas tarefas regulares com as mãos para sentir sua seriedade e entender sua importância. Descreva cada uma em uma ficha de papel (ou numa planilha, se você for mais do estilo digital). Pesquisas mostram que ler algo no papel nos faz avaliar com mais atenção o que está sendo analisado.[13] Uma pilha de fichas com suas tarefas descritas tem a mesma utilidade que reunir os objetos num único lugar para ver quanto acumulou. Ver sua própria montanha de tarefas vai ajudá-lo a refletir sobre o que está fazendo e por quê.

Como a maioria das pessoas, você provavelmente terá três tipos de pilhas de tarefas: tarefas essenciais, tarefas por projeto e tarefas de desenvolvimento.

1. **Tarefas essenciais:** são as atividades básicas e contínuas da sua função, as principais coisas que você faz e que

justificam sua existência na empresa. Para um gestor em um ambiente corporativo, as tarefas essenciais podem incluir a elaboração do orçamento e do planejamento ou o comando de uma unidade ou equipe. Para um cientista, podem envolver a criação de experimentos, a análise de dados e o compartilhamento de resultados. Para um professor, o planejamento de aulas e a correção de provas.

2. **Tarefas por projeto:** são o tipo de tarefa que tem início e fim definidos, como planejamento de um evento, o design de um folheto ou o lançamento de um novo produto.

3. **Tarefas de desenvolvimento:** são aquelas que nos ajudam a crescer ou a aprender, como treinamento, leitura, participação em conferências ou aceitar uma nova tarefa.

A ideia é que promovam a vida profissional que você considera ideal para si.

Não se preocupe se algumas tarefas se encaixarem em mais de uma área. Apenas coloque-as na pilha mais apropriada.

O que você descobriu sobre como usa seu tempo e como isso se relaciona com sua vida ideal no trabalho? Se seu ideal profissional é crescer, como é o tamanho de sua pilha de tarefas de desenvolvimento em relação às outras? Você está se desafiando o suficiente? Aprendendo? Recebendo feedback? Se o que você quer é se conectar com os outros, quantas tarefas envolvem trabalhar com outros profissionais? É com essas pessoas que você deseja se relacionar?

Avalie suas tarefas para tornar o trabalho mais satisfatório

Sua pilha de tarefas é como um espelho que reflete o que você está fazendo atualmente. Como se sente quando se olha no espelho? Aprendi que a maioria das pessoas vê oportunidades de se aproximar da vida ideal no trabalho mas não está suficientemente confiante para fazer mudanças. Não subestime seu controle ou o impacto que as pequenas mudanças podem ter em seu prazer cotidiano no trabalho.

Depois de juntar suas tarefas em pilhas, analise cada pilha, começando com a mais fácil de organizar, que é geralmente a de tarefas essenciais. Em seguida, organize as tarefas por projeto e, por fim, as tarefas de desenvolvimento. Pegue cada ficha de tarefa e pergunte a si mesmo:

- Esta tarefa é necessária para eu me manter e me destacar em meu emprego?
- Esta tarefa vai me ajudar a criar um futuro mais feliz, por exemplo, me ajudando a receber um aumento, a ser promovido ou a aprender uma nova habilidade?
- Esta tarefa me traz alegria e contribui para que eu tenha mais realização no trabalho?

Pare de realizar qualquer tarefa que não atenda a pelo menos uma dessas três condições.

Mas e se você tiver tarefas demais que não lhe trazem alegria? Ou se seu chefe não deixar você descartar nenhuma tarefa, mesmo as que não tem motivo para manter? Às vezes não conseguimos perceber como os outros se beneficiam do nosso trabalho, o que é uma pena, pois, se conseguíssemos, o trabalho seria muito mais significativo.

Eis aqui uma regra rápida que eu sigo: aplique o teste do destinatário. Seja sincero: alguém lê o relatório semanal que você envia e será que esse relatório influencia a tomada de decisão dessas pessoas? Você pode fazer essa pergunta aos destinatários de seu relatório para avaliar a utilidade do seu trabalho. Talvez até descubra que os colegas valorizam, sim, seu serviço e encontre um novo significado para a realização da tarefa.

Se ainda estiver convencido de que não vale a pena manter determinada tarefa, converse com seu chefe. Talvez ele veja uma relevância em seu trabalho que você mesmo não vê. Essa é outra forma de saber se há um impacto menos óbvio do seu trabalho, o que pode mudar sua opinião em relação a manter ou não a tarefa.

Após aplicar o teste do destinatário, mostre o resultado ao seu chefe e tenha uma conversa franca com ele sobre as tarefas que você gostaria de descartar, lembrando-o educadamente das desvantagens de continuar com elas. Se nada disso convencê-lo, talvez ele não seja muito razoável. Mas, a menos que esteja disposto a mudar de emprego, você terá que se adaptar à situação. Por mais que muitas vezes este seja o desejo de todos, não podemos demitir o chefe.

Depois que terminar de analisar as pilhas, espalhe as tarefas restantes numa superfície para poder ter um panorama. O que essas tarefas revelam sobre seu tipo de trabalho? Será que seu cargo e suas atribuições descrevem seu trabalho de uma forma mas o que você faz no dia a dia mostra uma história diferente? No conjunto, as tarefas que você manteve lhe trazem alegria ou contribuem para um futuro mais feliz? Se, após a organização, permanecer a sensação de que suas tarefas não estão permitindo que você alcance a vida no trabalho que considera ideal, apresento a seguir algumas dicas para melhorar o cenário.

Mesmo que você esteja satisfeito com sua pilha de tarefas, refaça a verificação regularmente para ter certeza de que continua buscando a vida profissional que idealizou. Se alguma tarefa nova surgir, decida de maneira consciente se ela é válida antes de aceitá-la.

DÊ PRIORIDADE ÀS ATIVIDADES QUE LHE TRAZEM ALEGRIA

Neste momento, meu trabalho me traz alegria, mas houve uma fase em que minha agenda estava tão lotada que fiquei física e mentalmente exausta. Isso foi em 2015, logo após ser indicada para a lista das 100 Pessoas mais Influentes do Mundo da revista *Time*.

Recebi uma avalanche de propostas vindas de todas as partes do mundo e aceitei o maior número de convites que consegui, pois os encarei como uma grande oportunidade para divulgar o Método KonMari. Mas coincidiu de eu estar grávida da minha primeira filha, e a pressão me afetou tanto no aspecto físico quanto no mental. Às vezes eu não conseguia controlar minhas emoções e explodia em lágrimas no final do dia.

Finalmente, entendi que não poderia continuar naquele

ritmo frenético. Foi aí que comecei a mudar a forma como trabalhava.

Meu objetivo é divulgar o Método KonMari no mundo inteiro e ajudar o maior número de pessoas possível a aprender a escolher a alegria em sua vida por meio da arrumação. Mas não tenho como ensinar os outros a ter alegria se não sentir o mesmo.

Desde que compreendi isso, faço questão de priorizar os momentos de alegria no meu cotidiano, especialmente quando estou ocupada. Reservo um tempo para fazer coisas que quero ou gosto de fazer. Entre elas: estar com a família, alegrar a casa com flores, desfrutar uma relaxante xícara de chá e receber uma massagem quando estou cansada.

Essas coisas me ajudam a recuperar o equilíbrio interior para que eu volte renovada e cheia de energia positiva ao trabalho. No complicado mundo contemporâneo, muita gente prioriza o trabalho à custa da própria vida, assim como eu fiz. Se esse for seu caso, minha mensagem é a seguinte: dê prioridade total ao seu bem-estar físico e emocional.

Uma agenda lotada e a sobrecarga de trabalho levam à síndrome de burnout. Não vamos conseguir ter ideias brilhantes nem alcançar bons resultados se estivermos totalmente esgotados. Por mais que a gente ame nosso trabalho, a tendência será começar a odiá-lo e a achar que é difícil seguir adiante.

O primeiro passo é arranjar tempo para se renovar

> e se recuperar. O segundo é organizar sua agenda de modo a poder trabalhar de forma eficiente no tempo designado para isso. No longo prazo, é mais produtivo encarar o trabalho com alegria e paz de espírito. **M.K.**

Não se apresse em dizer sim

Você já teve a sensação de que seu trabalho seria maravilhoso se as pessoas lhe dessem espaço para você realmente fazer o que precisa? Antes eu me sentia muito assim. À medida que avancei na carreira, passando de professor assistente recém--formado a professor catedrático (o título mais alto na universidade), fui sendo convidado a me envolver cada vez mais em atividades não essenciais às minhas responsabilidades de pesquisa e ensino, como participar de vários comitês e eventos.

Na intenção de ser um bom colega, eu dizia sim a quase tudo. Parecia ser a coisa certa a fazer, e cada atividade em si não tomava muito tempo. Mas elas foram se somando e começaram a me impedir de avançar nos projetos que mais me interessavam.

Com certeza há boas razões para dizer sim em inúmeras ocasiões. Algumas dessas atividades trazem alegria, seja por fazer a pessoa se sentir útil ou pelo trabalho em si. Algumas até oferecem a possibilidade de aprendizagem, de avanços na carreira ou a chance de confraternizar com os colegas. Mas outras (talvez a maioria) simplesmente não satisfazem nenhuma dessas hipóteses.

Tive acesso recentemente a uma pesquisa que me ajudou a resistir à tentação de sempre dizer sim. Somos convencidos a aceitar muitas dessas tarefas porque nos sentimos culpados em negar ajuda. Livre-se dessa culpa agora mesmo! Você já trabalha arduamente (veja o tamanho de sua pilha de tarefas!). Então, experimente um truque simples: peça um tempo para pensar.

Considerando as pressões sociais para dizer sim – afinal, queremos ser vistos como pessoas que trabalham bem em equipe –, adiar uma decisão quando confrontado com essas solicitações adicionais é uma técnica eficaz. Diga simplesmente: "Vou pensar no assunto e volto a falar com você." Depois, reflita antes de decidir se a tarefa lhe trará alegria. Se achar que não, recuse educadamente. Pesquisas mostram que, quando adiamos a decisão de assumir um compromisso, nos sentimos mais seguros para dizer não[14] às tarefas de que não gostamos e sim para as de que gostamos.

Acrescente algo prazeroso ao seu dia

Ao deixar de fazer algumas atividades, você abriu espaço para assumir novas tarefas que lhe trarão alegria. Segundo as pesquisas, as pessoas se sentem mais satisfeitas em seus empregos[15] quando assumem novas responsabilidades, se oferecem para ajudar um colega ou até mesmo trabalham num projeto paralelo sem pedir permissão formal. Alguns chefes apreciam a iniciativa e várias empresas têm até políticas que permitem ao funcionário dedicar parte de seu expediente a uma tarefa de seu gosto e escolha. Obviamente, se você tem um chefe muito controlador e pouca liberdade sobre como fazer o seu trabalho, isso será mais complicado. Mas você aumentará suas chances de sucesso se encontrar uma maneira de mostrar que a alegria cotidiana beneficia o negócio. Permita-se fazer algo prazeroso todo dia fora do trabalho também. No meu caso, gosto de ler um jornal impresso. No minuto em que começo a leitura, sei que as notícias já estão desatualizadas, mas ficar por dentro dos acontecimentos sem nenhuma distração digital me traz muita alegria.

Deixe um espaço em branco na agenda

Parece contraditório, mas, para ser mais produtivo no trabalho, você precisa às vezes de um tempo ocioso.[16] Para isso, tem que manter uma parte de sua agenda vazia. Sim, você entendeu direito: estudos mostram que, para produzir mais, às vezes precisamos trabalhar menos. Além de desanuviar a mente, o descanso ajuda você a ser mais criativo[17] ao lhe proporcionar tempo para elaborar mais as ideias.

Quando nos envolvemos em atividades aparentemente descompromissadas, como caminhar ou rabiscar coisas aleatórias, estamos na realidade refletindo num nível profundo, inconsciente. Esse tipo de reflexão tende a ser muito criativo porque evita nossa permanente autocrítica e pode levar a novas formas de resolver problemas[18] e de estimular a inovação. Não é porque sua agenda não está abarrotada de tarefas que você não está trabalhando – está, sim, e, muitas vezes, de maneira mais inteligente. Portanto, faça uma pausa, sinta-se melhor e desbloqueie sua imaginação.

Todo dia eu reservo um tempo para caminhar, em geral com o celular no modo avião. Um mundo sem e-mails, ligações ou outras distrações permite à mente divagar. É nessa pausa diária que eu me sinto mais livre de autocríticas e me permito explorar ideias nas quais, de outra maneira, teria medo de apostar.

Sei que nem todos têm a liberdade de fazer caminhadas durante o horário de trabalho ou mesmo fora dele. Descubra algo que você possa fazer. A maioria das pessoas pode fechar os olhos em sua mesa e deixar os pensamentos vagarem por alguns minutos. É uma oportunidade de relaxar a mente, além de uma forma de mostrar que, não importa quanto sua agenda (e seu trabalho) pareça restritiva e opressiva, você pode parar e recuperar o controle do seu tempo – nem que seja por um instante.

~

Organizar suas atividades lhe dará uma noção mais aprofundada de si mesmo e de suas verdadeiras prioridades. Mas isso faz bem mais do que mostrar como você está gerenciando seus dias: oferece uma forma de torná-los melhores. Ao descartar tarefas que não lhe satisfazem e acrescentar somente as que trazem alegria, você tornará seu trabalho muito mais gratificante.

CAPÍTULO 6

ORGANIZANDO AS DECISÕES

Mãe solo, Lisa se dividia entre um emprego em tempo integral como professora de arte do ensino médio e trabalhos paralelos como artista freelancer e instrutora de arte on-line. Apesar de adorar tudo o que fazia, a quantidade de decisões que precisava tomar regularmente a deixava exausta. Além das decisões maiores relativas às aulas – tópicos para abordar, projetos para passar aos alunos e regulamentos para seguir na sala de aula –, centenas, se não milhares, de decisões diárias exigiam sua atenção.

O plano de aula de um único dia envolvia infinitas possibilidades: na próxima aula a turma colocará a mão na massa, assistirá aos vídeos para aprender novas técnicas ou ampliará suas habilidades gráficas com a ajuda de um computador? Em classe, decisões eram tomadas o tempo todo no que se refere ao aconselhamento dos alunos, sua avaliação e até como discipliná-los. E o trabalho paralelo de Lisa exigia outras inúmeras decisões: o que criar, como executar o projeto, como atender melhor aos desejos de seus clientes e como conquistar seguidores em suas redes sociais.

Lisa estava se sentindo impaciente e exausta, não apenas no trabalho, mas também em casa, inclusive em seu papel de mãe. "A fadiga de tantas decisões a tomar é tão desgastante que eu não consigo me lembrar das coisas", ela me contou. "Tenho dificuldade em formar ideias coesas e às vezes esqueço palavras."

Ela percebeu que as coisas tinham ido de mau a pior quando, numa segunda-feira, foi trabalhar sem um plano de aula porque tinha postergado a tarefa e agora era tarde demais. O promissor negócio de ensino on-line de Lisa também acabou negligenciado, pois seu cérebro estava sobrecarregado com todos os seus trabalhos.

Você provavelmente faz milhares de escolhas todos os dias,[1] seja um executivo ou um estagiário. Alguns pesquisadores estimam que esse número passe de 35 mil!

Muitas decisões são de baixo risco e não exigem muito esforço nem conscientização. Ficaríamos totalmente assoberbados se tivéssemos que refletir sobre o melhor caminho para chegar à própria mesa, qual caneta usar ou o que escrever na resposta rápida de um e-mail. É por isso que, apesar das milhares de decisões que tomamos todos os dias, uma pesquisa recente mostrou que as pessoas se lembram de terem feito apenas cerca de 70.[2]

Outras decisões são de alto risco e exigem foco e atenção. Não temos que tomar esse tipo de decisão com frequência, mas, quando o fazemos, ela demanda uma quantidade considerável de energia mental e emocional e, em geral, envolve a alocação de uma quantidade grande de recursos. Se você trabalha com marketing, pode ser a decisão sobre qual conjunto de produtos e serviços oferecer, quando e como mudar o nome de uma marca ou como posicionar seus produtos no mercado. Se for um empreendedor, as decisões de alto risco talvez envolvam o momento de expandir e contratar funcionários, se deve ou não abrir o capital ou se é melhor vender o negócio. Para um profissional de TI, as decisões de alto risco abrangem a compra de equipamentos essenciais.

Já as decisões de médio risco carecem de muito mais reflexão que as de baixo risco e ocorrem com bem mais frequência que as de alto risco. São as decisões esquecidas ou negligenciadas em nossa vida profissional. Como são mais difíceis que as decisões básicas, nossa tendência é adiá-las. E como são menos importantes que as decisões de alto risco, também são mais fáceis de esquecer. Foi por isso que Lisa acabou na frente de seus alunos sem um plano de aula preparado. Essa era uma escolha de médio risco muito difícil de fazer no dia anterior e fácil demais para esquecer até entrar na sala de aula.

Em geral, as decisões de médio risco se concentram na entrega ou na melhoria das suas tarefas de trabalho atuais. Por exemplo, quem deve ser atualizado sobre um projeto, como aprimorar um processo de trabalho e como mensurar o sucesso. Para quem trabalha com marketing, as decisões de médio risco podem incluir as escolhas do tipo de pesquisa de mercado, do momento de atualizar o preço de um produto, de novas formas de divulgação e de como medir sua eficácia. Se for um empreendedor, as decisões de médio risco talvez envolvam como melhorar um produto ou serviço e de quais conferências participar. E, no caso de um profissional de TI, as decisões de médio risco abrangem quando atualizar os softwares.

Sei que à primeira vista a organização de decisões soa muito diferente da organização de seu espaço de trabalho físico. Manter o grampeador favorito parece muito distante de tomar decisões sobre como interagir com um cliente ou quando colaborar com um colega. Mas, no fundo, o processo é o mesmo. Comece fazendo perguntas, como *O que vale a pena manter?* ou, mais especificamente para esta categoria: *Que decisões merecem meu tempo e energia?*

Na hora de avaliar suas muitas decisões profissionais, siga as seguintes etapas: esqueça as pequenas decisões, classifique e organize as médias e poupe sua energia mental para as grandes.

A maioria das decisões de baixo risco não merece seu tempo e sua energia

Comece com as decisões de baixo risco. Não se esqueça de que o conceito de baixo risco depende de seu emprego e seu cargo na empresa. Se você estiver em início de carreira, o que poderia ser uma decisão de baixo risco para um executivo pode ter muito mais importância para você. É provável que você não se lembre de muitas decisões de baixo risco, já que elas acontecem automaticamente e não exigem seu intelecto. Isso é ótimo. Deixe que aconteçam no piloto automático.

Dentre as que você tem consciência, é provável que poucas valham o tempo investido, como escolher uma marca de papel para a impressora, decidir se vai usar um gráfico circular

ou de barras numa apresentação ou optar por uma fonte específica para digitar um relatório. Se você acha que o resultado de uma decisão não fará diferença, não invista muito tempo nesse processo. Entendo como isso é difícil de implementar no momento, até porque eu mesmo me culpo por pensar demais em certos detalhes – em qual hotel ficar numa viagem de trabalho, que tipo de fonte usar nas apostilas, que tipo de acompanhamentos devo oferecer aos participantes da conferência que estou organizando...
Também é possível automatizar muitas decisões de baixo risco. Veja algumas das minhas favoritas:

- Usar serviços de assinatura de varejistas on-line para repor automaticamente os suprimentos de que você precisa com regularidade.
- Estabelecer regras, como nunca marcar reuniões nas manhãs de sexta-feira.
- Criar uma assinatura de e-mail que preencha automaticamente "Atenciosamente" ou "Obrigado", seguido pelo seu nome.

Você pode personalizar decisões automatizadas com base em suas necessidades e interesses. O ex-CEO da Apple Steve Jobs automatizou seu guarda-roupa. Ele usava todo dia o mesmo modelo de camisa de gola rulê. O guru da produtividade e autor Tim Ferriss come sempre a mesma coisa no café da manhã.[3] Ao não se desgastar muito com as pequenas decisões, sobram tempo e energia para você se concentrar nas mais importantes.

Crie uma pilha de decisões de alto e médio risco

Faça um apanhado de todas as decisões de alto e médio risco que costuma tomar ou que logo tomará. As decisões de alto risco geralmente se destacam, e a maioria das pessoas terá apenas algumas desse tipo. Steve Jobs decidiu substituir todo o conselho administrativo ao voltar à Apple e depois lançou um celular sem teclado físico, o iPhone. Para um gestor de nível intermediário, a pilha de alto risco poderia incluir coisas como implementar uma mudança em toda a empresa e quem contratar para a equipe. Já para os profissionais em início de carreira, escolher um mentor de confiança é o equivalente a tomar uma decisão de alto risco.

As decisões de médio risco são as que ficam no meio do caminho. A maioria das pessoas consegue identificar suas decisões de médio risco analisando quais farão seu trabalho render mais. Por exemplo, decisões sobre como melhorar processos, atualizar produtos ou serviços, pedir aconselhamento sobre problemas e comunicar o progresso para os outros.

Resuma em poucas linhas cada decisão de alto e médio riscos numa ficha de papel (ou numa planilha, como sugerimos na organização do tempo). A maior parte das pessoas tem um número gerenciável de decisões, não mais que 20.

Analise sua pilha de decisões

Depois de colocar todas as suas decisões em uma pilha, escreva "AR" na ficha de cada decisão de alto risco. São decisões que terão um grande impacto no seu trabalho, ou em sua vida, e merecem seu tempo e energia. Mantenha todas e deixe-as separadas.

Agora restou a pilha de decisões de médio risco, e você deve concluir quais vale a pena manter. Pegue cada ficha e siga a seguinte regra: **mantenha-a se a decisão for fundamental para o trabalho que você faz, se vai ajudá-lo a avançar em seu ideal de vida profissional ou se lhe traz alegria.** Em seguida, descubra o que fazer com as decisões que manteve. Enquanto segura cada ficha na mão, pergunte a si mesmo:

- Há alguma outra pessoa que será mais afetada pela decisão e que por isso deveria tomá-la em meu lugar?
- Quem tem os melhores critérios e informações para tomar a decisão?
- Posso encarregar outra pessoa de tomar a decisão?
- Com que frequência a decisão precisa ser tomada?
- Ela pode ser automatizada e verificada apenas periodicamente?

Se ficar com a sensação de que outra pessoa deve tomar a decisão e isso for possível, delegue (escreva na ficha a letra "D" e o nome de quem você gostaria que a assumisse). Em geral, é difícil, mas não impossível, delegar a alguém do mesmo nível hierárquico ou superior a você. Pedir com educação e explicar por que a pessoa é mais preparada para decidir pode fazer uma grande diferença. Além disso, se oferecer para, em troca, assumir a responsabilidade por uma das decisões da pessoa é algo que fortalece o seu argumento. Certifique-se apenas de que valerá a pena assumir essa outra decisão.

Se a decisão não requer um envolvimento regular, nem seu nem de qualquer outra pessoa, automatize o processo (escreva na ficha a letra "A" juntamente com o prazo para implementar a automação). Quando precisar encarar novas decisões, você terá a experiência e a confiança para organizar essas também. Continue se concentrando nas decisões de alto risco e nas mais valiosas decisões de médio risco (as que sobrarem depois da análise). Seja exigente quanto àquilo em que investe seu tempo e sua energia. Você pode concluir que o que acreditava ser uma decisão importante não deve ser tomada ou deve ser tomada por outra pessoa. Parte de saber tomar decisões é perceber a hora de não se envolver.

~

Após conhecer os problemas de Lisa, descobrimos como ajudá-la a organizar suas decisões. Assim como acontece com as enormes pilhas de roupas, juntar todas as decisões de alto e médio risco num único lugar levou Lisa a entender a magnitude do problema. Ela estava se sentindo constantemente sobrecarregada porque precisava tomar muitas decisões.

Na semana seguinte, Lisa analisou sua pilha de decisões e percebeu que tomava algumas delas repetidamente, sobretudo as que envolviam lidar com o comportamento de seus alunos de ensino médio na sala de aula e responder as perguntas feitas na conta de seu negócio freelancer no Instagram.

Lisa conseguiu eliminar 9% das decisões de sua pilha e automatizar ou delegar 40% das restantes. Por exemplo, ela agora começa os dias com a mesma atividade. Os alunos trabalham no projeto do dia anterior, o que a libera para fazer a chamada sem ser interrompida. Ela também faz com que seus alunos assumam um papel mais ativo na avaliação de seus próprios trabalhos, reduzindo o número de decisões que ela precisa tomar. Lisa optou ainda por fazer um post diário, pela manhã, na sua conta profissional no Instagram e por responder aos comentários duas vezes por dia.

Depois de organizar sua pilha de decisões, Lisa percebeu que as decisões restantes exigiam muita criatividade: que tipo de arte criar, que decisões de negócios tomar e quais cursos elaborar para desenvolver seu negócio on-line. Essas decisões lhe traziam alegria.

Quando conversei novamente com Lisa, os resultados de sua arrumação eram bem evidentes. "Tenho a sensação renovada de que as coisas são realmente possíveis... É incrível a clareza que essa arrumação me trouxe!" Ela arranjou tempo, motivação e capacidade para tomar uma decisão de altíssimo risco: optou por deixar o magistério e se concentrar em seu negócio próprio, que logo teve a rentabilidade quase triplicada. Porém, a maior mudança veio de seu recém-descoberto amor pelo trabalho e pela vida.

"Esse processo é o começo de algo muito grande para mim", ela me escreveu. "Estou muito satisfeita... Minha veia criativa realmente se revelou! Não acho que isso teria acontecido se eu não tivesse organizado minhas decisões... Hoje sou muito mais produtiva e feliz."

E as conquistas não ficaram só no âmbito do trabalho. A relação de Lisa com o filho melhorou muito, ela está mais em forma e ganhou um sentimento renovado de otimismo.

Organize as escolhas: mais opções nem sempre são uma vantagem

Vamos analisar agora como de fato tomamos decisões. Faz sentido pensar que, quanto mais opções tivermos, melhor será nossa situação. Na hora de escolher um fornecedor ou vendedor, seria melhor analisar o máximo de empresas possível. No caso de um investimento para sua aposentadoria, seria melhor analisar o máximo de planos de previdência possível. Se estiver tentando conseguir um bom emprego, seria melhor ter o máximo de opções.

É verdade que dispor de mais opções pode ser uma coisa boa, mas só até certo ponto. Em alguns casos, as possibilidades são tantas que as pessoas ficam assoberbadas[4] e acabam tomando decisões piores, que as deixam menos satisfeitas com sua escolha. E quanto às opções que deixamos passar: o emprego que não aceitamos, o projeto que tocamos de um jeito e não de outro, o mercado em que poderíamos ter entrado em comparação ao em que entramos, ou o mentor que não escolhemos? Nossa mente é incrivelmente persuasiva em nos convencer de que, seja qual for o caminho escolhido, poderíamos ter escolhido melhor.

Para grande parte das decisões, é muito trabalhoso analisar mais do que cinco opções. Quando alguém precisar que você tome uma decisão, peça que lhe ofereça no máximo esse número. Se estiver sozinho na situação, aconselhe-se com seus colegas para reduzir suas opções às melhores possibilidades e só então decida. Isso ajudará a diminuir o arrependimento de não considerar outras opções.

Pesquisas destacam outras maneiras simples de organizar as escolhas.[5] Primeiro, se as opções são muito parecidas, é porque provavelmente existe mais do que uma boa escolha, então simplesmente opte por uma delas. Segundo, coloque as alternativas em alguma ordem que faça sentido, como, por exemplo, do mais caro para o mais barato, ou do maior custo/benefício para o menor. Terceiro, analisar muitas opções é cansativo se você também está tentando descobrir o que deseja. Imagine procurar um novo emprego. Se você já sabe que quer uma posição com possibilidade de rápido crescimento, trabalhar perto de casa e muita liberdade, ter um conjunto maior de empregos potenciais para escolher pode ser útil. Você teria mais condições de combinar suas expectativas (crescimento, transporte e liberdade) com os empregos disponíveis. No entanto, se estiver inseguro em relação às suas preferências,[6] mais opções podem ser contraproducentes.

Bom o bastante é o suficiente para a maior parte das decisões

Quero que você desista da ideia de tomar sempre a decisão perfeita. Algumas vezes, poderá até conseguir, mas nem sempre. Isso pode ser difícil de aceitar, mas, na maioria dos casos, uma decisão boa o bastante será o suficiente. A busca pela perfeição muitas vezes é desnecessária e tem um custo. Ela desperdiça um tempo que pode ser mais bem investido em outras atividades e gera sentimentos de frustração e decepção quando você não faz a escolha perfeita.

Antes de tomar uma decisão, pergunte que tipo de resultado lhe trará alegria. Não adianta buscar uma decisão perfeita quando uma decisão boa o bastante o fará igualmente feliz. Além disso, com tantas mudanças no mundo, qualquer decisão que você tome pode ser temporária. Se você se esforçar muito na busca por uma solução perfeita, é provável que se apegue demais a essa solução,[7] mesmo que ela já não esteja funcionando. É por isso que bom o bastante costuma ser mais do que o bastante. Para evitar tendências perfeccionistas, estabeleça um prazo para tomar a decisão. O ganho com o excesso de reflexão e discussão não valerá o tempo e o esforço investidos. Seja flexível em relação a atualizar sua decisão, caso novas informações surjam. E lembre-se de que, para a maioria das decisões, as consequências não são tão sérias quanto você imagina.

~

Quando você organiza suas decisões, se concentra no que realmente causa impacto. Então, analisa quanto valem seu tempo e sua energia e o que deve ser eliminado, delegado ou automatizado. Suas decisões ficam livres do caos criado pelo número avassalador de opções, e você se conecta com o que está tentando realizar. Decisões difíceis de repente parecem mais fáceis de serem tomadas. E quando aparecer uma decisão importante que exige seu tempo e sua energia, você estará mais empenhado e satisfeito independentemente do que escolher.

CAPÍTULO 7

ORGANIZANDO A REDE DE CONTATOS

O Instagram é uma importante plataforma de mídia social para artistas, e Lianne, uma pintora e ilustradora britânica, tinha impressionantes 15 mil seguidores. Embora animador, manter-se conectada a tanta gente tinha um preço. A quantidade de mensagens sem nenhuma importância dificultava a tarefa de responder às mensagens realmente importantes, que eram as das pessoas interessadas em adquirir seu trabalho. Sem contar a cota de *haters* que vinha no pacote, com direito a comentários grosseiros, estúpidos e até agressivos. Com o aumento desse tipo de comentário, ela foi se vendo cada vez mais desgastada pela exaustão emocional e pelo tempo consumido nessas interações.

Lianne passava tanto tempo nas redes sociais que negligenciou seu trabalho e sua vida pessoal. "Sou mãe e artista, não tenho tempo para ficar tuitando 10 vezes por dia", afirmou. A verdade é que Lianne dedicava mais tempo ao Instagram que à sua arte.

Ela decidiu, então, fazer algo ousado.

Fechou a conta no Instagram e abandonou todos os seguidores. "Na sociedade atual, as pessoas querem cada vez mais seguidores, mas esse não é o meu objetivo", explicou. Ter uma rede de contatos grande não estava ajudando quase nada na venda de suas obras. "Quando o objetivo é vender um trabalho artístico, é preferível ter 50 seguidores apaixonados que compram arte do que mais de 15 mil pessoas enviando mensagens grosseiras." Recomeçar do zero, sem seguidores, permitiu que ela fosse mais seletiva e se conectasse apenas com quem realmente apreciava seu trabalho.

É fácil pensar no networking, seja pessoalmente ou on-line, como uma competição para conquistar o maior número possível de conexões: contatos telefônicos, amigos no Facebook, seguidores no Instagram e no Twitter, e conexões no LinkedIn. As métricas facilmente rastreáveis proporcionam uma sensação boa quando os números crescem. Podemos comparar nossos números com os de nossos colegas e amigos, acreditando erroneamente que mais conexões nos tornam mais importantes. Ou mais populares. Ou mais bem-sucedidos. Deixe-me dizer uma coisa: ter uma rede de contatos grande significa apenas uma coisa – que você acumulou uma rede de contatos grande.

Transforme sua rede de contatos numa fonte de alegria. Crie uma comunidade com quem você gosta de conviver e a quem gosta de ajudar, pessoas que se preocupam com seu desenvolvimento e seu sucesso e que deixam você à vontade para revelar suas dificuldades e pedir conselhos.

Qual deve ser o tamanho da sua rede de contatos?

Com uma rede de contatos grande, aumentam as chances de que alguém saiba de algo que possa ajudá-lo, como uma oportunidade de emprego que ainda não foi divulgada ou a resposta para um problema difícil. Essa é a lógica que leva muita gente a investir tanto tempo aumentando sua rede. As pessoas mais próximas, tanto no trabalho quanto socialmente, já compartilham o que sabem. Mas, em uma rede de contatos grande, você interage com uma minoria, então há muito a aprender com o restante da comunidade. Existe uma grande diferença, porém, entre ter uma rede cheia de contatos úteis e uma rede cheia de pessoas *realmente dispostas a ajudar*.

Karen, uma investidora de startups e ex-executiva da área de tecnologia, tentou primeiro o caminho tradicional do networking, que é conhecer o máximo de pessoas possível. "Passei a maior parte do ano indo a conferências e conhecendo muita gente", ela me contou. "Olhando em retrospectiva, não foram experiências e conexões muito autênticas. Era tudo uma questão de números." Foi exaustivo e, em última análise, uma perda de tempo.

Depois de refletir sobre os eventos de networking que sempre achava decepcionantes, ela decidiu mudar. Karen parou de tentar montar uma grande rede de contatos e passou a formar laços mais profundos com menos pessoas.

Essa abordagem foi rapidamente posta à prova quando ela estava avaliando a possibilidade de investir numa empresa e precisava de algumas informações técnicas com urgência.

Apesar do tamanho modesto, sua rede de contatos incluía uma mulher que ela pensou que poderia ajudá-la. Karen a procurou e em poucas horas teve uma resposta detalhada. "Eu teria demorado semanas fazendo essa pesquisa", explicou. Como já tinha desenvolvido uma relação forte com seu contato, ela conseguiu a ajuda de que precisava quase imediatamente. Alguns dias depois, Karen enviou um bilhete de agradecimento à pessoa que tão prontamente respondeu ao seu apelo.

A abordagem mais seletiva de Karen lhe rendeu outros benefícios. "Estou muito menos ansiosa para comparecer a eventos de networking. Isso tirou um peso das minhas costas", afirmou.

Redes de contatos grandes também dificultam a formação de conexões verdadeiras.[1] Estudos concluíram que cada um de nós consegue interagir razoavelmente com cerca de 150 conexões relevantes.[2] Acima disso, fica difícil conhecer realmente as pessoas da nossa rede. Experimente o seguinte exercício: pense em todos os seus contatos e amigos e veja se consegue visualizar o rosto de todo mundo. Todos lhe trazem alegria? Provavelmente não.

Mesmo para quem tem redes de contatos extensas, a maior parte das interações acontece num pequeno subgrupo.[3] Muitos "amigos" de nossa rede têm pouco interesse em se conectar de verdade conosco e só aparecem quando precisam de algum favor. Christina, que aprendeu a organizar seu tempo no Capítulo 5, descobriu isso do modo mais difícil. Por ser ex-aluna do MBA de Harvard, ela achou que se beneficiaria dessa enorme e prestigiada rede de contatos. Com o tempo, percebeu que o grupo lhe proporcionou poucas conexões produtivas e muitas solicitações. "Cheguei ao ponto de receber e-mails de 10 pessoas, num período de duas semanas, me perguntando alguma coisa", contou. "Não eram amigos ou pessoas que de alguma forma se dedicaram a criar um relacionamento comigo." Sua determinação em atender a essas solicitações afetou sua carreira e sua vida pessoal, deixando-a esgotada.

O crescimento de sua rede de contatos não só consome tempo como, quando se trata de redes on-line, pode ser prejudicial para seu bem-estar psicológico. Pesquisas mostram que, quanto mais tempo passamos em redes sociais, menos felizes nos sentimos.[4] Isso acontece porque as pessoas geralmente compartilham somente boas notícias, com poucas publicações dedicadas às ruins. Quantas notificações do LinkedIn você recebeu dizendo "Acabei de ser demitido!" ou "Fiz a maior besteira hoje no trabalho"? Pare de se comparar com a imagem que os outros projetam nas redes sociais. Em vez disso, verifique o progresso que está fazendo na busca pela vida profissional que deseja ter. Essa é a única comparação que importa.

O MÉTODO DE MARIE PARA ORGANIZAR
AS REDES DE CONTATOS

Uma das questões mais importantes na construção de uma rede de contatos que lhe traga alegria é saber que tipo de conexões você valoriza. Por exemplo, algumas pessoas gostam de estar rodeadas de amigos e se divertir em grupo. Outras preferem ter relações mais profundas com poucas pessoas. Eu me encaixo na segunda categoria. Não sou muito boa em manter contato e me sinto mais à vontade com menos relacionamentos. No entanto, quando pedi demissão da agência de RH e comecei a trabalhar como consultora independente, concentrei meus esforços em fazer conexões com o máximo de pessoas possível, porque eu queria apresentar meu negócio. Comecei a participar de seminários e encontros com profissionais de diferentes áreas e sempre trocava muitos cartões de visita. Aos poucos, porém, percebi que algo estava errado.

Quanto mais pessoas eu conhecia, mais convites recebia para eventos e festas e, consequentemente, mais lotada minha agenda ficava. Resultado: me vi sem tempo para fazer o que realmente desejava. Recebia tantos e-mails que me desdobrava para responder todos eles. Quando olhava para os nomes em minha lista de contatos, a quantidade de pessoas de quem não conseguia me lembrar só aumentava.

A sensação de estar soterrada por informações não era nada agradável. Passei a me questionar se não era de certa forma desonesto me manter conectada a pessoas que eu não conseguia sequer lembrar de ter conhecido. Quanto mais aumentavam minhas conexões, mais desconfortável eu me sentia, então decidi limpar minha rede de contatos.

Usando o Método KonMari, analisei cada um dos nomes e mantive apenas aqueles que me traziam alegria. A quantidade de entradas em minha lista de contatos e em meus aplicativos diminuiu drasticamente, e acabei mantendo apenas 10 pessoas, tirando minha família e aquelas essenciais para meu trabalho. Para ser sincera, fiquei surpresa com a quantidade de nomes que eliminei, mas, depois, meu coração ficou aliviado e consegui investir energia nos relacionamentos que escolhi manter. Como fiquei com mais tempo e espaço mental, passei a estar com minha família com mais frequência e podia me dedicar de verdade aos meus amigos. Também senti muito mais gratidão do que antes pelas pessoas maravilhosas que escolhi manter em minhas relações.

Desde que limpei minha rede de contatos, adquiri o hábito de rever periodicamente meus relacionamentos e ser grata por eles. Escrevo os nomes de todas as pessoas com quem estou me relacionando no momento e expresso meu sentimento de gratidão. Isso me faz valorizá-las ainda mais e me ajuda a cultivar relações mais calorosas. Esse exercício é perfeito para mim porque, quando estou ocupada e concentrada no trabalho, tenho a tendência a esquecer de ser atenciosa com as pessoas próximas.

Assim como faria para criar seu estilo de vida ideal, escolha o que lhe traz alegria e zele pelo que decidir manter. São essas duas coisas que vão ajudá-lo a construir uma rede de contatos que deixe você feliz.

> Quando sentir que há algo errado com sua rede de contatos, encare essa sensação como um sinal. Saiba que, ao se sentir mais confortável, será capaz de ter uma experiência mais satisfatória e contribuir mais com os outros. Então, despeça-se com gratidão de todas as relações de que já não precisa e cuide bem daquelas que decidir manter. M.K.

Avalie seus contatos para identificar os relacionamentos que trazem alegria

Você provavelmente tem conexões em muitos lugares: LinkedIn, Facebook e outras redes sociais, juntamente com as listas de contatos em seu celular e na plataforma de e-mail. E Marie já o ajudou a organizar seus cartões de visita. Provavelmente vai ser um processo demorado consolidar todas as listas de contatos em uma única pilha integrada. Então, para os relacionamentos, tudo bem organizar plataforma por plataforma. Limpe os contatos de todas as plataformas da mesma maneira.

Comece imaginando sua vida ideal no trabalho. Com que tipo de gente você quer passar seu tempo?

Pense em cada pessoa e pergunte a si mesmo:

- *De que conexões preciso para meu trabalho?* Entrar em contato com colegas ou parceiros de negócios às vezes é parte da sua função.

- *Quais conexões podem me ajudar a concretizar meu ideal de vida pessoal/profissional?* Essas conexões ajudam a construir um futuro alegre, como um emprego novo (e melhor) ou oportunidades para ter acesso a informações ou ideias valiosas, como dicas de vendas ou conselhos úteis.
- *Que conexões me trazem alegria? Por exemplo: "Será que eu sorrio quando penso nessa pessoa? Será que me alegraria vê-la em breve?"* Há pessoas que trazem alegria porque seu relacionamento com elas é significativo. Com outras, você pode apenas gostar de estar junto, de ajudar ou de aconselhar.

Se uma pessoa não se encaixa em um dos três grupos acima, exclua-a de sua lista de contatos, pare de segui-la ou silencie suas publicações nas redes sociais. Muitas plataformas permitem que você bloqueie alguém, ou que pelo menos pare de receber notificações da pessoa, sem que ela fique sabendo.

No futuro, seja mais exigente em relação às suas conexões. Eu costumava aceitar por impulso toda solicitação do LinkedIn ou do Facebook por causa do prazer imediato de adicionar mais um contato, mas logo percebi que não estava realmente criando uma rede de contatos e, sim, acumulando um monte de filiações avulsas.

Não se sinta obrigado a aceitar toda solicitação de reunião presencial, nem a participar de todos os eventos de networking em sua área. Pode parecer uma postura radical, mas isso vai permitir a você se dedicar e investir nas conexões que mais importam.

Saiba criar conexões de alta qualidade

Tony, que conhecemos no Capítulo 4, comemorou recentemente sua terceira promoção em sete anos. Como profissional de marketing e vendas no setor de energia, você pode achar que Tony teria criado uma rede de contatos incrível para apoiar sua rápida ascensão na carreira. Mas não foi bem assim.

Depois de uma grande reestruturação na empresa em que trabalhava, seu supervisor foi dispensado, e Tony achou que teria o mesmo destino. Em vez de recorrer a um amplo grupo de contatos, ele conversou com quatro pessoas com quem tinha bons relacionamentos e imediatamente surgiram quatro oportunidades promissoras. "Não é a quantidade de contatos que importa. Eu não tinha 30 pessoas para ligar, tinha só essas poucas, mas eram as pessoas certas", afirmou ele.

Quando se tem uma rede de contatos limitada, é fundamental garantir que estamos cultivando as relações certas. Uma pesquisa constatou que as conexões de alta qualidade envolvem duas pessoas que realmente se importam uma com a outra,[5] mesmo quando estão passando por momentos difíceis, como um prazo apertado, um erro grave ou, no caso de Tony, uma ameaça à carreira. Compartilhamos sentimentos reais com essas pessoas, aprendemos com elas e construímos juntos relações capazes de resistir aos problemas.

Minha mentora, Jane, além de renomada especialista em conexões de alta qualidade, é também um exemplo de como construí-las na vida profissional. Enquanto trabalhou na Universidade de Michigan, ela mostrou que ter boas conexões com os colegas pode contribuir para muitos resultados positivos,[6] inclusive melhorias na saúde física e psicológica, na aprendizagem e na criatividade.

Para desenvolver conexões de alta qualidade, o primeiro passo é estar presente. Dar uma curtida rápida na publicação de um amigo no Facebook ou enviar um cumprimento padronizado quando alguém avisa que foi promovido no LinkedIn é fácil, mas, na realidade, não significa nada. Não pergunte "Como vai?" se não estiver preparado para uma resposta de cinco minutos que pode não ser totalmente agradável. E não responda com um superficial "Tudo bem" se quiser criar uma conexão de alta qualidade.

Eu me lembro da primeira vez que Jane me perguntou como eu estava me sentindo. Respondi um automático "Bem", presumindo que ela estivesse apenas sendo educada. Ainda me lembro da reação dela, me olhando direto nos olhos e perguntando com firmeza: "Não. Como você está *realmente* se sentindo?" Ela não aceitou minha primeira resposta porque aquilo não promoveria uma amizade sincera. Ela precisava se imaginar no meu lugar para poder entender de verdade como estava minha vida. E eu tive que superar o medo de me mostrar vulnerável e confiar em alguém cuja estima e cujo respeito eu queria (e dos quais precisava). Apesar de ser uma acadêmica reconhecida (e eu um estudante), ela ainda era uma pessoa em busca de uma conexão autêntica.

O segundo passo é ajudar os outros a atingirem resultados melhores. Quando as pessoas percebem que você realmente quer ajudar, elas se abrem para criar uma conexão de alta qualidade. Atuar como mentor é uma ótima maneira de conseguir isso, mas não é a única. Maneiras menos formais de ajudar os outros incluem simplesmente oferecer apoio a um colega que esteja precisando ou apenas se dispor a ouvi-lo. Podemos fazer uma grande diferença na vida das pessoas sendo um bom ouvinte, dando uma opinião construtiva num projeto ou defendendo os projetos delas. Jane dedicou muito de sua carreira a ajudar os alunos de uma forma que poucos mentores fazem. E os resultados falam por si mesmos, pois ela treinou alguns dos profissionais mais influentes de sua área.

O terceiro passo é ser receptivo e confiar nos outros. Mostre-se ainda mais vulnerável: deixe as pessoas saberem de seus erros e seja honesto sobre suas deficiências. Isso o torna acessível e mostra que você também é capaz de crescer. Trata-se de uma coisa difícil de fazer se você estiver se sentindo inseguro em relação à sua posição no trabalho. E, quando você é um líder, as pessoas às vezes o colocam num pedestal, o que dificulta uma relação mais próxima. Mas mesmo a pessoa mais talentosa e incrível com quem você trabalha comete muitos erros – assim como você. Pare de fingir que é perfeito. Isso lhe permitirá criar conexões mais significativas.

Outro modo de criar confiança é delegar. Não repasse trabalho para alguém e depois fique monitorando seu progresso e ignorando suas ideias. Mesmo quando eu estava no início de meu doutorado, Jane me confiou partes importantes de projetos de pesquisa. E, quando errei, ela foi rápida em mencionar as vezes em que também errou, admitindo que isso acontecia em qualquer projeto.

O quarto passo é estimular a diversão. Isso não apenas dá a liberdade de extravasar, mas também aprofunda o pensamento e estimula a criatividade.[7] Os eventos de equipe ou da empresa que celebram uma conquista podem estimular a diversão, mas os eventos mais espontâneos e informais geralmente são mais autênticos.

~

Em vez de dizer sim a toda solicitação para atuar como mentor, dar conselhos ou providenciar outros tipos de ajuda, crie relacionamentos que sejam relevantes. Não há problema algum em dizer não a solicitações superficiais, da mesma forma que é gratificante usar sua rede de contatos para ajudar as pessoas de que realmente gosta. Vamos substituir o networking pela conexão de alta qualidade e trocar as redes de contatos imensas e quase sempre pouco significativas por redes menores, com conexões que realmente nos trazem alegria.

CAPÍTULO 8

ORGANIZANDO AS REUNIÕES

Gavino passou a maior parte de sua carreira no setor público, atuando na polícia e, mais tarde, no Exército americano. Foi uma carreira gratificante, com destaque para a atualização do programa de formação e das operações de uma academia de polícia e o apoio para garantir a realização de eleições livres no Afeganistão. Mas foi também uma vida repleta de reuniões. Com a obrigatoriedade de briefings diários, Gavino participava de reuniões mesmo quando não havia nada para discutir.

Por fim, trocou o serviço público por uma empresa de consultoria internacional. Sua função é ajudar a integrar funcionalidades de recursos humanos, como folhas de pagamentos e controle de férias, em uma única plataforma digital.

Gavino logo descobriu que o mundo corporativo é muito diferente do setor público. Sem protocolos disciplinares, os líderes podem definir quando e como conduzir suas reuniões.

Seu primeiro projeto foi numa fábrica localizada na Flórida. Os dois líderes do projeto tinham formações semelhantes e o mesmo status na empresa de consultoria. Apesar de participarem das reuniões um do outro, quando o bastão de comando mudava de mãos, as reuniões tinham dinâmicas diferentes. John preferia marcar encontros longos, detalhados e frequentes. Já Mark marcava menos reuniões, que eram mais curtas e objetivas.

As discussões nas reuniões marcadas por John não eram objetivas e terminavam apenas quando todos ficavam tão cansados que já não conseguiam nem falar. "Essas reuniões nos impedem de trabalhar e tornam o dia muito mais longo. São vistas quase como uma punição, pois acaba com o prazer no trabalho", confessou Gavino.

Já as reuniões convocadas por Mark começavam na hora e quase sempre acabavam antes, graças aos temas preestabelecidos. Gavino se sentia motivado e engajado durante e após essas reuniões, pronto para se esforçar ao máximo e dar uma contribuição importante.

Por mais que as reuniões nos desgastem, elas são necessárias. É nelas que surgem novas ideias, são tomadas decisões importantes, aprendemos com os outros e trabalhamos juntos. Segundo um estudo, mais de 15% da satisfação de uma pessoa com seu emprego está relacionado à satisfação com as reuniões de que ela participa.[1] Esse é um número bem alto quando consideramos os muitos fatores que influenciam a satisfação no emprego, como o tipo de trabalho, a remuneração, as oportunidades de promoção e o relacionamento com o chefe.

Quando participamos de reuniões produtivas, é bem mais fácil ter alegria no trabalho. Ainda assim, não há dúvida de que, quando mal conduzidas, as reuniões se tornam um tormento e um dos maiores obstáculos para a produtividade,[2] diminuindo nosso engajamento e causando esgotamento emocional.[3] Mas, como demonstra a experiência de Gavino, as reuniões em si não são necessariamente o problema. É possível ser mais produtivo com reuniões menos frequentes e mais rápidas. Seja qual for seu cargo ou sua função, há alguns passos simples para tornar as reuniões duas vezes mais eficazes utilizando a metade do tempo, e ainda acrescentar uma pitada de alegria.

Imagine a reunião ideal

Antes de começar a organizar suas reuniões, pense em como seria sua "reunião ideal" – tanto nas situações em que você é mero participante quanto naquelas em que você oficialmente lidera. Mesmo que esteja começando sua carreira e, portanto, sujeito à forma como os outros comandam as reuniões, é importante saber o que deseja extrair delas. Se disser a si mesmo que todas as reuniões de que participar serão uma perda de tempo, assim será.

Você descreveria sua reunião ideal como aquela que tem um propósito claro e objetivo? Participação ativa? Pessoas ouvindo umas às outras, respeitando a opinião alheia e se divertindo? Uma reunião em que você é capaz de mostrar resultados em pouco tempo?

Escreva num papel ou reflita sobre como você gostaria de se sentir na reunião ideal e que resultados isso teria.

Concentre suas reuniões

Talvez você não perceba quanto as reuniões demandam de seu tempo e esforço porque elas se distribuem ao longo da semana. Está na hora de concentrar todas as reuniões em um só lugar. Verifique como foi a semana anterior na agenda e identifique todas as reuniões de que você participou. Certifique-se de incluir também as que não tinham sido agendadas oficialmente, como as convocadas de última hora. Agora, pegue uma ficha de papel para cada reunião (ou abra uma planilha) e escreva o nome dela, o tempo de duração e a frequência com que é realizada.

Depois, pegue cada uma das fichas e pergunte a si mesmo:

- *Esta reunião era necessária para o meu trabalho?* Por exemplo, ela ofereceu informações que você não poderia ter obtido por meio da leitura de algum texto? Ajudou a resolver problemas críticos? Resultou na tomada de alguma decisão importante ou em um plano de ação? Você precisou participar porque seu chefe ficaria zangado se você não aparecesse? Quanto às reuniões semanais, é realmente necessário ir sempre?
- *Esta reunião me ajudou a avançar na direção da minha vida profissional ideal?* Por exemplo, você aprendeu alguma coisa para fazê-lo avançar na carreira?
- *Ela me trouxe alegria?* Fez com que você se sentisse mais próximo dos colegas? Você se divertiu?

Rasgue a ficha de qualquer reunião que não satisfaça pelo menos uma dessas condições. Lembre-se de expressar gratidão pelo que aprendeu com ela (mesmo que a lição tenha sido sobre como não organizar uma reunião!).

Para as reuniões que são de sua responsabilidade, analise cada ficha com a determinação de que irá cancelar todas as que você já marcou. Nada é sagrado: nem a conversa semanal, a reunião trimestral fora da sede, o relatório do final do semestre ou a reunião bimestral do projeto. Mantenha apenas as reuniões recorrentes que resultam na melhoria do trabalho e na maior satisfação dos participantes, até que não sejam mais necessárias ou úteis. Só porque uma reunião trouxe ótimos resultados no passado não significa que deva continuar para sempre.

Agora, coloque as fichas restantes na sua frente para ter um panorama. O que as reuniões dizem sobre o seu trabalho? Você está passando muito tempo em reuniões e ficando sem tempo para fazer o seu serviço? Será que a maioria delas é mesmo necessária para a sua função? Acha que algumas são suficientes para que você alcance sua vida profissional ideal? Está descobrindo que passa os dias ocupado participando de reuniões só para agradar o chefe?

Separe as reuniões desorganizadas das irrelevantes

Faça o que puder para ser dispensado de reuniões que não sejam necessárias, que não contribuam para a realização de um futuro feliz ou que não lhe tragam alegria. É claro que, mesmo nos esforçando ao máximo, nem sempre será possível. Para algumas pessoas, devido à cultura da empresa, isso pode não ser factível, e será preciso usar o discernimento em relação às suas condições. Mas de fato muita gente tem mais liberdade do que imagina.

São duas as razões pelas quais as pessoas normalmente não querem participar de determinada reunião: ou porque é desorganizada ou porque não é particularmente relevante para seu trabalho. Vou explicar mais tarde o que fazer para organizar uma reunião melhor. A organização pode aprimorar essas reuniões, e, por serem relevantes, vale a pena mantê-las. Com a sua colaboração, elas terão a chance de alcançar todo o seu potencial.

Se você descobrir que o propósito de uma reunião não é relevante para sua aprendizagem nem traz nenhuma contribuição, é melhor tentar se livrar dela. Sua presença não está fazendo sua vida profissional avançar nem serve a outro propósito, como, por exemplo, ajudar os colegas nas tarefas deles. Tony, o profissional de marketing do setor de energia que foi citado pela primeira vez no Capítulo 4, agora avalia o potencial de cada reunião antes de aceitar participar. Muitos de seus colegas trabalham até tarde da noite porque passam o dia se arrastando de uma reunião para outra e nunca conseguem concluir seus projetos. "É provável que somente 10% das reuniões sejam dignas do tempo que dedicamos a elas", estima ele.

Tony tem uma abordagem direta. Ele aprendeu que ser um bom colega de equipe lhe dá alguma margem de manobra para recusar educadamente determinadas reuniões. Embora seja um funcionário de nível médio e não organize esses eventos, ele desenvolveu um critério para avaliar o tipo de reunião de que vale a pena participar. E não fica acanhado em avisar ao chefe quando acha que não tem motivo para ir. "Se eu for a essa reunião, o trabalho que de fato agrega valor aos acionistas será prejudicado", ele gosta de dizer.

Muitas empresas valorizam tanto as reuniões que não é possível faltar a elas sem tomar medidas adicionais. Algumas pessoas podem não ter a confiança ou o prestígio para recusar convites. Você pode se sentir obrigado a comparecer porque é intimidante, e talvez até mesmo imprudente, dizer a um colega que você não vai à reunião. Imagine como seria essa conversa: "Desculpe, mas sua reunião me deixa exausto e é inútil para mim. Vou pular essa." E quando é o seu chefe que convoca, fica quase impossível dizer não. Então, o que fazer?

Peça aos organizadores que enviem com antecedência a pauta e a descrição do objetivo geral da reunião. Você vai fazer isso pelo desejo autêntico de se preparar para ela, mas pode ser que descubra que a reunião é de fato relevante para o seu trabalho.

Se ainda tiver dúvidas sobre o que pode aprender ou acrescentar, faça algumas perguntas básicas. Elabore-as de uma forma que mostre como está interessado em ter uma reunião bem-sucedida, assim o organizador não ficará na defensiva. Veja alguns exemplos: *Como posso contribuir melhor para o sucesso desta reunião?* ou *Como posso me preparar melhor para ela?*. Com essas perguntas, você consegue, de forma rápida e não muito arriscada, ter uma noção nítida do seu papel na reunião. Elas podem até ajudar o organizador a concluir que a sua presença não é necessária.

Se, depois desse esforço preliminar, você ainda estiver convencido de que não tem nada a acrescentar, peça educadamente para ser dispensado. Deixe o organizador saber que sua presença não é necessária. Pesquisas mostram que dar uma explicação plausível, como não ter informações relevantes ou participação no resultado, aumentam suas chances.[4] Se puder, indique uma pessoa que possa dar uma contribuição mais valiosa à reunião.

Se tudo isso não der em nada e você não conseguir escapar de uma reunião, descubra pelo menos alguma coisa que possa aprender com ela.

Participar de muitas reuniões não o torna importante

Avalie com sinceridade se você não está contribuindo, mesmo que inadvertidamente, para seu grande volume de reuniões. Quando pergunto às pessoas se sua agenda tem muitas reuniões, quase sempre elas dizem que sim. Mas, quando pergunto como se sentiriam se não fossem convidadas para uma reunião, com a mesma frequência elas consideram essa dispensa um insulto pessoal ou um sinal de marginalização.

Tente se livrar da ideia de que, quanto mais reuniões, mais importante você é. Você realmente precisa, ou deseja, comparecer? Está tentando participar apenas porque isso sinaliza sua importância? Ou será que está preocupado em não estar presente numa conversa importante ou decisão-chave? Lembre-se de que as reuniões são apenas uma das muitas maneiras de fazer a diferença. Seu objetivo não é ganhar o prêmio de maior participação em reuniões.

Qualquer pessoa pode trazer mais alegria a uma reunião

Quando você participa de uma reunião, está entrando em um espaço compartilhado de colaboração, tomada de decisões e troca de ideias. Valorize esse espaço e ele se transformará numa fonte de alegria. Não o utilize para promover seus interesses particulares. Reuniões não são o lugar para fazer discursos longos, entrar com a mente fechada ou depreciar as ideias de colegas de modo a promover as suas.

Regra nº 1: Esteja presente. Tenho visto muitas reuniões em que poucas pessoas estão de fato presentes e se mostram participativas. Sente-se com as costas eretas, aproxime sua cadeira da mesa e transmita uma energia positiva. Não é hora de deixar sua mente divagar.

Regra nº 2: Vá preparado. Se um líder fornecer a pauta com antecedência, não deixe de se inteirar. Se achar que não tem tempo suficiente para se preparar, é provável que não tenha tempo para comparecer à reunião. Pergunte mais uma vez a si mesmo: *Vale mesmo a pena manter esta reunião?*

Regra nº 3: Desligue seus dispositivos eletrônicos. Todo mundo repara quando você dá uma espiada no celular. É falta de educação e passa a mensagem de que aquele encontro não é importante nem digno da sua atenção. Além disso, enche a sala de ruídos, desde notificações a toques na tela. Quando uma pessoa faz isso, outras aproveitam a deixa, e então o grupo passa a tratar a reunião sem o respeito que ela merece. Se você se concentrar na reunião, ela será mais curta, mais eficaz e mais agradável.

Regra nº 4: Escute... *realmente* escute! Podemos aprender muito uns com os outros durante as reuniões, mas fica difícil quando todos só querem falar. Numa série de experimentos, pesquisadores descobriram que as pessoas queriam tanto falar que estavam dispostas a abrir mão de ganhar dinheiro para poder falar ainda mais. As imagens dos cérebros dos participantes durante o estudo revelaram que falar proporcionava os mesmos sentimentos de satisfação que comer ou transar.[5] Não é de se admirar, portanto, que as reuniões virem rapidamente uma balbúrdia, com conversas sobre temas fora da pauta e pouquíssima escuta.

Regra nº 5: Manifeste-se. Há momentos em que você tem informações exclusivas para compartilhar. Concentre-se em fazer a conversa avançar com novas informações e perspectivas diferentes ou em colocar a discussão de volta nos eixos. Se achar que o grupo precisa de um raciocínio mais crítico, peça que alguém faça o papel de "advogado do diabo", ou que represente um concorrente ou outra parte interessada, como outra equipe da empresa ou então um órgão regulador ou um cliente. Um líder eficaz sabe interromper discussões redundantes e inúteis, mas um bom participante deve saber regular o próprio comportamento e perceber a hora de se manifestar e a hora de escutar, levando em conta uma regra simples: *Será que estou oferecendo informações novas que contribuam para o objetivo da reunião?* Se não for o caso, está na hora de ouvir os outros.

Regra nº 6: Não prejudique ninguém. Somos adultos responsáveis. Culpar os outros, interromper quando estão falando ou se autopromover cria uma disfunção. Num estudo surpreendente feito com base em 92 reuniões de equipe, o impacto do mau comportamento foi muito mais prejudicial às reuniões[6] do que os benefícios do bom comportamento. Portanto, no mínimo, poupe os demais de comentários sarcásticos e atitudes grosseiras. E, por fim, apoie as pessoas. Em vez de rechaçar imediatamente o que alguém diz, procure somar. Substitua o "Não, mas..." por "Sim, e...". Controle o impulso de rejeitar as ideias dos outros e se habitue a criar a partir delas. Os colegas se sentirão melhor – e você também, por ajudá-los.

Lidere uma reunião organizada

Talvez você seja um gestor que conduz reuniões com frequência. Ou quem sabe tenha aspirações de crescer na carreira e venha assumindo responsabilidades adicionais, o que provavelmente incluirá gerenciar reuniões. Pode ser que lide com clientes e necessite organizar suas conversas com eles para obter melhores resultados. E sempre existe a possibilidade de que um dia seu chefe peça a você que lidere uma reunião durante a ausência dele. Você estará preparado? Independentemente do cargo que se ocupa, aprender a liderar uma reunião organizada é uma habilidade valiosa.

Primeiro, saiba o que você quer alcançar. Pergunte-se de cara se para isso é necessário mesmo fazer uma reunião. Algumas reuniões são puramente informativas e, em geral, há maneiras mais eficientes de compartilhar essas informações. Um simples folheto ou alguns slides podem ser suficientes. Deixe que as pessoas se informem de acordo com sua disponibilidade e reserve as reuniões somente para discussões e tomadas de decisão.

No caso de reuniões periódicas, a tendência é que continuem a acontecer indefinidamente, a não ser que alguém as cancele. Veja se é possível substituir uma reunião recorrente por uma ocasional, marcada apenas quando se tem algo importante para discutir.

Em segundo lugar, pense nos participantes. Graças ao agendamento digital, é muito fácil convidar qualquer pessoa. Também é tentador adicionar o maior número possível de pessoas, seja para a reunião parecer mais importante ou porque você acha que isso a tornará mais agradável. Se fosse escrever cada convite à mão, se daria ao trabalho de convidar todo mundo?

Na verdade, quando tem gente demais na reunião, ela se torna mais demorada. Mais importante do que ter uma sala cheia é ter as pessoas *certas* na sala, ou seja, aquelas que podem contribuir com informações úteis ou têm autoridade para agir ou tomar uma decisão.

Em terceiro lugar, apresente os objetivos da reunião no convite. Isso ajudará as pessoas a decidir se a presença delas é mesmo necessária. Se não for, dê a elas liberdade para recusar o convite. Se você achar que a reunião não será tão eficaz sem a presença de determinadas pessoas, explique a importância de sua participação. Se a reunião funcionar bem sem elas é porque não eram realmente necessárias.

Certifique-se de que a pauta contenha os detalhes necessários para que os outros possam se preparar adequadamente. Por exemplo, você pode informar as decisões específicas ou ações a serem debatidas, pedir que os participantes elaborem suas perguntas com antecedência e apresentem sugestões.

Em quarto lugar, estimule a participação de todos. Você convidou as pessoas para que elas dessem suas contribuições, e não há maneira mais rápida de desmoralizar um grupo do que ficar falando sozinho. Deixe claro desde o início que seu objetivo é discutir as ideias de todos, e não fazer com que o escutem e concordem com o que você diz. Quando os líderes falam demais, o ritmo de tomada de decisões diminui,[7] a produtividade cai[8] e a qualidade das decisões tende a piorar.[9]

Evite solicitar a opinião de cada um ao redor da mesa. Em vez disso, peça que todos participem quando tiverem algo a acrescentar. Convide as pessoas a se envolverem ativamente fazendo perguntas abertas que promovam o debate e façam todo mundo se sentir seguro para falar. Você pode levantar questões do tipo: "Qual seria outra maneira de analisar este problema?", "Que pontos cegos devemos procurar aqui?", "Como nossos clientes, funcionários ou outras partes interessadas se sentirão com esta decisão?".

Se as pessoas não estiverem participando, especialmente numa reunião recorrente, converse com elas para encorajar sua contribuição na próxima vez. Será que acham que não têm nada a acrescentar? Se for o caso, talvez não sejam as pessoas mais adequadas para participar. Dispense-as. Se não participam porque estão inseguras, por exemplo, por terem cargos hierarquicamente mais baixos, deixe claro que as convidou porque a opinião delas é relevante.

Em quinto lugar, estabeleça a duração da reunião. Reuniões de 30 ou 60 minutos são comuns, talvez por serem números redondos, mas, tirando isso, não há de fato uma lógica para esses tempos. As reuniões raramente terminam antes do programado, mesmo quando o trabalho é concluído. Se estiverem programadas para durar várias horas, vão continuar por várias horas.

Quando as reuniões ultrapassam os 60 minutos, as pessoas

tendem a se desligar. Em reuniões sabidamente longas, a primeira metade tende a ser improdutiva, como se não houvesse pressa. Uma reunião mais curta, além de tomar menos tempo, cria uma pressão positiva que pode estimular a criatividade. Experimente reduzir 15 minutos da reunião a cada ocorrência até achar que o tempo não é suficiente.

Embora reuniões muito longas sejam exaustivas, cuidado para não trocar por encontros mais curtos porém mais frequentes. A maioria das pessoas aceita prontamente os convites para reuniões de curta duração, mas esse tipo de reunião pode ser quase tão custoso quanto o de longa duração (isso presumindo que as reuniões não passem do tempo estabelecido previamente, o que raramente acontece).

A preparação para as reuniões consome tempo, e isso interrompe o restante do trabalho. Num estudo, pesquisadores descobriram que o tempo gasto em reuniões teve pouco impacto no bem-estar dos funcionários. O que fazia a diferença era o número de reuniões de que participaram. As interrupções constantes causadas por muitas reuniões de curta duração faziam com que eles se sentissem mais desanimados e exaustos do que nas reuniões mais longas porém menos frequentes. O estudo também mostrou que mais reuniões não aumentam a produtividade.[10] É mais eficaz juntar um grupo de assuntos correlatos numa única reunião de cerca de 45 minutos do que marcar várias reuniões curtas ao longo da semana.

Organize reuniões "em pé", fora da tradicional sala de reuniões com a mesa comprida e as cadeiras, pois isso estimula ideias mais criativas e um ambiente mais colaborativo.[11] Sentar-se numa cadeira simbolicamente demarca um território, o que leva as pessoas a agirem de maneira possessiva em relação às próprias ideias e serem menos abertas a sugestões. Em contrapartida, ficar em pé torna as pessoas mais engajadas e menos territoriais. Outra vantagem é que as reuniões de pé tendem a ser mais curtas.[12]

Por fim, da mesma forma que uma reunião precisa de um propósito e de uma pauta, ela também precisa de um resumo ou recapitulação no final. Comece agradecendo a todos pela participação. As pessoas abriram espaço em suas agendas lotadas para participar, então você lhes deve uma demonstração sincera de gratidão. O resumo deve deixar claro que o tempo delas foi bem empregado. Faça perguntas como: "Que progressos fizemos hoje?", "O que nos atrapalhou?", "O que aprendemos?" e "O que resolvemos?". No final de uma reunião em que algo é decidido, peça que as pessoas se comprometam publicamente a trabalhar para apoiar essa decisão, mesmo que não tenham votado a favor dela. A declaração pública aumenta a chance de elas cumprirem as resoluções e de não se envolverem em discussões posteriores extraoficiais, para dificultar ou sabotar a decisão.

~

Visualize reuniões estimulantes e das quais você realmente tem vontade de participar. Elas fazem projetos importantes avançarem e, às vezes, até terminam antes do previsto. Essa visão estará ao seu alcance se você fizer sua parte na organização. Ajude todo mundo a ter experiências melhores na sala de reuniões.

CAPÍTULO 9

ORGANIZANDO AS EQUIPES

Marcos tinha conseguido o emprego dos sonhos. Como analista sênior de compras responsável pelas provisões de TI para a América do Norte em uma grande empresa de energia, ele acordava animado todos os dias para ir trabalhar. Um ano depois, porém, o setor de energia entrou em crise e seu cargo foi cortado. O gestor de Marcos lhe deu um ultimato: sair da empresa ou ser transferido para outra equipe.

Marcos não queria deixar sua antiga equipe, e o trabalho no novo setor, de analisar e resolver os problemas das 15 mil faturas que a empresa recebia todos os meses, parecia bem chato. Mas ele não podia ficar desempregado, então aceitou a transferência e, mesmo relutante, começou a tarefa monótona de corrigir os erros nas faturas.

De cara, ele percebeu que o setor estava totalmente desorganizado. Com uma taxa de erro de dois dígitos, muitas faturas não eram pagas ou eram pagas com os valores errados. A equipe de 15 pessoas não tinha oficialmente um líder, então Marcos assumiu essa função. Aos poucos, virou uma referência para quem precisava corrigir erros nas faturas, o que deixou o trabalho das outras pessoas mais fácil. A orientação que oferecia à equipe tornou seus esforços ainda mais impactantes.

Suas iniciativas fizeram uma grande diferença. A equipe se uniu, as pessoas começaram a realmente gostar do trabalho que faziam e, com isso, reduziram a taxa de erro a pontos percentuais. O grupo passou a ser notado pela qualidade do trabalho. A chefia logo recompensou Marcos com um novo cargo no setor de análise na logística, uma área de prestígio na empresa. Com sua saída do grupo de faturamento, a chefia ofereceu a seu sucessor a posição oficial de líder de equipe, um reconhecimento que Marcos nunca teve, mas isso comprovou a importância do trabalho que ele havia executado de maneira informal.

Ele manteve contato com sua ex-equipe e soube que, em poucos meses, o novo líder reverteu muitas das mudanças que Marcos tinha instituído. O espírito de equipe e o engajamento praticamente despencaram. Menos de um ano depois de ter saído, Marcos foi convidado a voltar.

Pela segunda vez em poucos anos, ele deixou um trabalho que amava para assumir um que achava entediante. Para aumentar seu desafio, o grupo, mais uma vez, não tinha um líder de equipe designado e Marcos não teria o reconhecimento oficial nem o aumento de salário que achava que merecia. Foi uma decepção, embora, no fundo, em parte ele estivesse animado para assumir o desafio.

Marcos encarou sua segunda temporada com planos grandiosos. Agindo como o líder a que muitos aspiram ser, ele começou a organizar a equipe. Ela era grande demais e improdutiva, e os funcionários não tinham alegria no trabalho. Ele estabeleceu a meta ambiciosa de reduzir a taxa de erro de mais de 10% para impressionantes 3%, ao mesmo tempo que reduzia o número de colaboradores. Queria tornar a equipe tão eficiente que não houvesse mais necessidade de ser chamado para consertar as coisas pela terceira vez.

Marcos ajudou a criar um projeto automatizado para fazer o trabalho equivalente ao de cinco pessoas, que abriu o caminho para reduzir a equipe a menos da metade. Depois, encontrou cargos melhores para seus colegas. Um deles trocou o trabalho manual e banal de resolver erros nas faturas pela responsabilidade de organizar as reuniões do grupo. Outro enfim encontrou coragem para trabalhar numa equipe em que suas habilidades seriam mais bem empregadas.

Graças a seus esforços, a empresa economizou uma boa quantia e os funcionários estavam trabalhando com mais alegria, algo bem diferente da monotonia de corrigir milhares de faturas. Marcos se sentiu realizado por ajudar a todos e considera seu trabalho "absolutamente satisfatório".

~

Quando as equipes estão em sintonia, o trabalho se torna estimulante e a produtividade aumenta. As pessoas se sentem orgulhosas e comprometidas em fazer a diferença. Mas, quando a equipe é desorganizada, a sensação é de perda de tempo e frustração. Os integrantes podem até chegar ao ponto de manter uma postura ausente, deixando de se preparar e evitando defender as próprias ideias.

Por conta das características da maioria dos empregos, é difícil ter alegria no trabalho se a equipe da qual fazemos parte não é feliz. Mesmo sem ter oficialmente o cargo de líder, Marcos aproveitou a oportunidade para aprimorar sua equipe. Ele transformou um grupo ineficiente que fazia um trabalho maçante num time organizado que trabalhava com muito mais prazer e qualidade. Mesmo que você não lidere uma equipe, pode contribuir para torná-la mais produtiva e feliz.

Visualize sua equipe ideal

Você já deve ter tido contato com dois tipos de equipe. As equipes de trabalho primárias são grupos permanentes, em geral organizados em torno de um departamento ou de outra necessidade organizacional. Entre os exemplos, temos uma unidade de enfermeiros, um batalhão de soldados ou um grupo de liderança multidisciplinar. As equipes de projeto são temporárias e criadas para resolver um problema específico, como lançar um produto, atender um cliente ou tomar uma decisão. Os dois tipos envolvem colaborar com outras pessoas, relacionar pontos de vista diferentes e gerar e implementar ideias.

Pare por um instante e imagine como é sua equipe ideal. Qual é a sensação? Ela produz interações positivas e relacionamentos acolhedores? É uma equipe focada apenas nos negócios que realiza rapidamente uma tarefa ou tem espaço para alguma conexão além do trabalho, incluindo sair com os colegas? Sua equipe ideal o desafia a dar seu melhor no trabalho? Ela fornece apoio, encorajamento ou crescimento? Não há resposta errada aqui; ela só precisa soar verdadeira para você.

Crie uma pilha de equipes

Está na hora de reunir todas as suas equipes em uma pilha. Escreva o nome de cada uma no alto de uma ficha de papel (ou numa planilha), incluindo seu grupo de trabalho primário e todas as equipes de projetos.

Agora vamos descobrir o que está acontecendo em cada uma delas. Certo, existe a "força tarefa X" ou a "equipe de resolução de problemas genéricos". Mas qual é o verdadeiro propósito dessas equipes? *Propósito* é a crença no valor do trabalho que vocês realizam. Ele nos ajuda a encontrar sentido em nossos esforços, ligando-nos a um objetivo maior. Sem um propósito, as equipes rapidamente viram uma confusão, se dispersando a cada tarefa, sem uma razão clara para existir.

O líder da equipe deve definir o propósito da equipe – e, se você for essa pessoa, mãos à obra! O restante do grupo quer entender qual é o seu propósito, mesmo que nunca tenha sido informado dele, para que possa sentir que seus esforços estão contribuindo para alguma coisa e que seu tempo é bem empregado. Estabelecer como propósito apenas "crescer", "resolver problemas" ou "melhorar processos" é muito vago, além de pouco inspirador. Faça uma conexão, da maneira mais concreta possível, entre o trabalho da equipe e o auxílio prestado a uma pessoa ou grupo.

Para a equipe de correções de faturas de Marcos, o objetivo não era apenas corrigir erros. A equipe dele assumiu a responsabilidade de recuperar a reputação da empresa ao pagar seus fornecedores com rigor e no prazo certo. Uma equipe de desenvolvimento de produtos está no auge de seu potencial quando o objetivo não é apenas lançar produtos, mas encantar os clientes e melhorar suas vidas.

Num estudo inspirador, pesquisadores observaram a equipe de limpeza de um hospital.[1] O trabalho dela era manter higienizados os quartos dos pacientes e os espaços comuns, uma tarefa em geral caótica que costuma contar com funcionários descontentes. A equipe analisada, porém, era muito motivada, e os funcionários amavam seu emprego. O segredo? Em vez de definir o propósito da equipe como manter as instalações limpas para os pacientes, o grupo considerava seu trabalho um cuidado essencial aos doentes. Além de proporcionar um ambiente confortável às pessoas que passavam por tratamentos difíceis, a equipe fazia os pacientes se sentirem melhor, por exemplo, ao oferecer lenços de papel a quem chorava ou um copo de água àqueles que sofriam de enjoo.

Escreva uma frase em cada ficha com o resumo do propósito de cada equipe de que faz parte. Pergunte a si mesmo:

- Que contribuições nossa equipe dá para a visão ou os objetivos da empresa?
- Que informações úteis ou ideias estamos gerando?
- Do que eu mais gosto no fato de trabalhar nesta equipe?

Se estiver com dificuldade para responder a essas perguntas, converse com os outros integrantes sobre como eles veem o propósito da equipe. Se não adiantar, talvez seja porque não há mesmo motivo para ela existir. Algumas equipes podem ter tido um propósito no passado e ele já ter sido alcançado.

Avalie sua pilha de equipes

Agora pegue cada uma das fichas, da mais fácil à mais difícil. Para a maioria, isso significará começar pela equipe com a qual você está menos envolvido e terminar por seu grupo primário de trabalho. Faça as seguintes perguntas pensando em cada equipe:

- *A equipe é necessária para o meu trabalho?* A menos que você esteja mudando de cargo, precisará se manter envolvido com sua equipe de trabalho primária. Outras equipes deverão ser mantidas por fornecerem as informações necessárias para você fazer seu trabalho, pelo fato de sua contribuição ser necessária ou simplesmente por seu chefe assim o exigir.
- *A equipe ajuda a me aproximar da minha vida profissional ideal?* Talvez ela o motive ou forneça as habilidades ou conexões para o futuro feliz a que você aspira.
- *Ela traz alegria?* Por exemplo, trabalhar para o propósito da equipe lhe traz alegria?

Antes de passar para a próxima ficha, reconheça que, mesmo que uma equipe pareça ruim algumas vezes, em geral há algum valor nela. O que você pode aprender com os integrantes?

Com quem tem mais afinidade e gosta de conversar? Que tipo de trabalho você executa para a equipe que é valioso?

Separe as equipes em duas pilhas: aquelas com as quais você está satisfeito e aquelas que precisam melhorar. Se a sua equipe de trabalho primário lhe traz alegria, esse é um ótimo lugar para se estar, pois é geralmente onde você passa mais tempo. Se a equipe de um projeto específico está lhe trazendo alegria, o que o atrai nela? Conhecer a fonte de alegria pode ajudá-lo a aprender mais sobre si mesmo e sobre o que gostaria de obter do trabalho.

Por mais que eu queira dar uma superdica para descartar a pilha de equipes sem alegria, isso não seria realista para a maioria das pessoas. O que é possível é tornar a equipe mais eficaz e uma fonte de mais alegria (e menos frustração). Concentre-se na pilha de equipes sem alegria, mas saiba que meu conselho também pode tornar uma equipe boa ainda melhor.

Não crie problemas para seus colegas

Um integrante não participativo pode rapidamente transformar uma equipe feliz num caos, deixando todo mundo desmotivado. Ninguém quer fazer um esforço extra para compensar quem faz corpo mole e não se prepara para as atividades.

Funcionários "parasitas" poluem o ambiente de uma equipe. "Por que eu deveria trabalhar ao máximo se fulano e sicrano não fazem o mesmo?", costuma ser o raciocínio. Quando essa atitude se espalha, as equipes viram uma confusão. Além de exibirem uma postura defensiva e acusatória, menos pessoas se preparam para as tarefas e um número ainda menor dá o seu melhor. Aquelas que se esforçam ao máximo para compensar os parasitas começam a ficar ressentidas e podem chegar a sofrer de burnout.

Existe uma razão para as pessoas não se engajarem nas equipes, e não tem nada a ver com serem preguiçosas ou irresponsáveis. Você alguma vez não se integrou a uma equipe porque achava que os outros eram mais inteligentes, tinham mais conhecimento ou eram mais experientes? A insegurança costuma impedir as pessoas de enxergarem os talentos que trazem para o trabalho. Muitas vezes, porém, é o profissional mais inexperiente do grupo que consegue resolver os desafios mais difíceis.

Ajude a estimular a confiança deixando que as pessoas (inclusive você) saibam que elas têm uma contribuição valiosa a dar. Seja específico, identificando o atributo de cada uma que faz diferença para você, para a equipe, para outro membro da organização ou para um cliente.

A confiança mantém as equipes organizadas

No mundo profissional acelerado dos dias de hoje, confiar uns nos outros evita que as pessoas fiquem esgotadas[2] e levem os problemas do trabalho com elas, chegando em casa mal-humoradas, com pouco tempo e energia para dedicar a seus entes queridos. Além de criar um ambiente de trabalho muito mais agradável, a confiança ajuda as equipes a atingir metas importantes.

Quando você faz parte de um grupo muito confiante, todo

mundo tenta melhorar o coletivo. Nos grupos com confiança baixa, os esforços são voltados para metas individuais,[3] geralmente em detrimento do grupo. O resultado é uma equipe confusa, cheia de divergências que ocupam muito tempo e realizam bem pouco.

Confiança é uma coisa difícil de ser cultivada no momento em que se faz necessária, portanto, não deixe para depois. Dedique tempo a conhecer os integrantes da equipe fora do escritório. Compartilhe informações de forma transparente para encorajar as pessoas a retribuir.

Não seja rápido em culpar os outros integrantes da equipe pelos erros cometidos, sob pena de eles se mostrarem menos dispostos a admiti-los futuramente. Em vez disso, converse com franqueza sobre os contratempos anteriores e aprenda com eles. E admita os próprios erros. Quando reconhecemos nossas limitações, paramos de ser tão duros com nós mesmos por cada pequeno deslize. Isso cria um ambiente muito mais seguro, no qual todos podem confessar suas deficiências em prol do aprimoramento do grupo.

Discordâncias nem sempre criam conflitos

É tranquilizador estar em uma sala com um monte de pessoas que concordam com você. O problema é que, se elas não discordam de nada, é provável que não estejam analisando a decisão de forma completa nem promovendo uma discussão abrangente. O que não é tranquilizador é a equipe ser pouco produtiva porque as pessoas têm medo de dar uma opinião divergente. Isso é conhecido como pensamento de grupo, e as equipes que funcionam assim têm um desempenho ruim. Para obter o melhor resultado, você terá que se sentir à vontade para conversar com pessoas que tenham opiniões diferentes. Mesmo em equipes diversificadas, as pesquisas mostram que as pessoas tendem a se concentrar no que todo mundo conhece,[4] como, por exemplo, as preferências do cliente, os projetos anteriores e a maneira habitual como a empresa funciona. Mas cada indivíduo também pode contribuir com o que traz de único. São essas informações que muitas vezes se mostram vitais[5] para uma equipe bem-sucedida. Todos podem fazer sua parte trazendo experiências, ideias e formações específicas para o trabalho.

Se você achar que o grupo está muito alinhado em torno de determinadas ideias, escale alguém para atuar como advogado do diabo. Ao fazer você mesmo o papel, você terá segurança para rejeitar ideias de outros integrantes da equipe e destacar perspectivas ignoradas. Só não se esqueça de dar a eles a oportunidade de assumir esse papel, pois traz novas perspectivas e não é divertido ser sempre o cético do grupo.

Se ainda assim estiver tendo dificuldade para gerar ideias diferentes, evite recorrer ao que a maioria das equipes faz nesses casos: brainstorming. A discussão de ideias em grupo em geral não entrega o que promete, porque as sessões em que são produzidas misturam geração com avaliação de ideias. Apesar de tentar criar um ambiente seguro e respeitoso, em que todos possam propor coisas novas, é muito comum desconsiderar uma ideia antes de ela ter a chance de se desenvolver. Depois de algumas rodadas observando as ideias dos outros sendo rapidamente descartadas, não é nenhuma surpresa que algumas pessoas decidam permanecer em silêncio. Também é difícil não tomar como crítica pessoal os comentários negativos feitos sobre nossas sugestões.

Em vez de um brainstorming, sugira um *"brainwriting"*[6] – a geração de ideias por escrito em grupo. Trata-se de um exercício inicialmente silencioso que pode produzir os mesmos benefícios que o brainstorming, mas sem os pontos negativos, porque a geração de ideias é separada da avaliação. É simples: peça aos integrantes da equipe que escrevam em silêncio suas ideias. Depois de uns 15 minutos, uma pessoa assume a responsabilidade de reunir os papéis e agrupar as ideias parecidas. Cada ideia é então apresentada anonimamente à equipe e avaliada.

Resolva os conflitos pessoais

Se uma equipe apresenta muito conflito por conta de diferenças de personalidade ou de posturas políticas, isso pode ser muito prejudicial tanto para a equipe quanto para seus integrantes. Ninguém quer ser alvo, nem espectador, de brigas e ataques pessoais.

Evite ser arrastado para a briga dos outros. Não faça intriga nem fale coisas negativas sobre os colegas de empresa. E não se deixe enganar achando que se queixar de alguém para outros membros da equipe criará um laço autêntico e duradouro. Se por acaso surgir alguma intimidade, saiba que ela é falsa, de curta duração e prejudicial à sua integridade.

Entenda que, quando alguém desafia uma ideia, isso não significa que não goste de você ou que seja maldoso. Sei que é difícil de aceitar, pois nosso orgulho e nossas inseguranças encaram quaisquer comentários desse tipo como ataques pessoais, mesmo que não haja má intenção. Se a equipe se esforçou a priori para desenvolver uma relação de confiança, ela se protege disso. A confiança transforma as discordâncias de ideias em conversas produtivas,[7] ao mesmo tempo que nos faz sentir melhor ao ouvir a opinião do outro. Desfaça os problemas que são de sua responsabilidade por meio da resolução dos conflitos pessoais. Isso muitas vezes exige agir com diplomacia para melhorar o clima. Sei quanto é difícil se aproximar de alguém e dizer: "Não tenho agido exatamente nesse sentido e lamento muito por isso, mas gostaria que fôssemos grandes parceiros e que apoiássemos o trabalho um do outro." Na maior parte das vezes, o outro retribuirá seu gesto de boa vontade. Se não o fizer, pode ser que ele tenha o que os pesquisadores chamam de orientação egocêntrica[8] – um forte foco individualista – e isso o impeça de acolher seu gesto. Tente mais uma vez, manifestando de maneira explícita seu desejo de superar as diferenças do passado.

Equipes grandes costumam ser muito desorganizadas

Equipes grandes podem ser grandes problemas. Pesquisas mostram que equipes maiores são menos gratificantes que as menores. Com tanta gente, há uma boa probabilidade de haver muita sobreposição nas contribuições dos integrantes, aumentando a chance de as equipes se tornarem caóticas e desorganizadas. Além disso, é difícil se destacar e ver o impacto do próprio trabalho.

Uma equipe maior é quase sempre também mais lenta. Nesse cenário, tentar chegar a um consenso demora muito e, às vezes, é simplesmente impossível. O CEO da Amazon, Jeff Bezos, segue a "regra das duas pizzas": nenhuma equipe deve ser grande a ponto de precisar de mais de duas pizzas para alimentar todo mundo. Pesquisadores comprovam a tese de Bezos. Os estudos definem que, se o objetivo for gerar ideias, tomar decisões ou inovar, o tamanho ideal para a maioria das equipes[9] é de quatro a seis pessoas. Equipes com mais de nove pessoas extrapolam o limite do eficaz.

Embora seja responsabilidade do líder determinar o tamanho da equipe, conhecer as desvantagens das equipes maiores pode ser de grande ajuda a todos. Quando estiver numa equipe numerosa, proponha dividi-la em grupos de trabalho menores. Não se precipite em recomendar um novo integrante para a equipe se ele não oferece uma perspectiva diferente. E, quando estiver no comando, tenha como objetivo formar equipes pequenas.

> O SEGREDO DA KONMARI PARA
> A CRIAÇÃO DA EQUIPE IDEAL
>
> Ter alegria no trabalho é importante para a equipe KonMari. O primeiro passo é identificar que tipo de coisa traz alegria para cada um dos integrantes e depois delegar as tarefas de acordo. Nossa assistente

executiva, Kay, por exemplo, adora gerenciar as tarefas no Excel e resolvê-las de maneira sistemática. Ela também é muito boa em lidar com pequenos detalhes que precisam ser resolvidos imediatamente, então esse é o tipo de coisa que sempre pedimos a ela. Kay é uma pessoa que, quanto mais trabalha, mais energizada fica.

Jocelyn, nossa gestora de mídias sociais, tem muito interesse em criar um impacto social, então, em vez de se concentrar no crescimento do número de seguidores, sempre converso com ela sobre como fazer para que nosso trabalho torne o mundo um lugar melhor.

Andrea tem paixão por encantar nossos clientes, então é ela que entra em contato com eles. Em nossa reunião semanal, ela sempre compartilha o que fez naquela semana para deixar os clientes felizes – é o que chamamos de Momento Uau. Isso sempre aumenta a motivação da equipe.

Quanto a Takumi, meu marido, o que o deixa feliz é interagir com os outros e criar um ambiente de trabalho no qual todos possam aproveitar ao máximo seus pontos fortes. Ele é responsável pela gestão de equipe e é meu produtor.

Se você quiser ter prazer no trabalho e ser altamente produtivo, é importante saber qual é sua paixão, compartilhá-la com o restante da equipe e saber o que traz alegria para eles também. **M. K.**

Embora as equipes possam ser uma fonte de alegria para todos os integrantes, é muito comum não entregarem o que prometem. O sucesso de uma equipe é responsabilidade de todos – não importa o cargo, a experiência ou o tempo de empresa –, e é um privilégio poder desfrutar disso. Faça tudo que puder para organizar suas equipes. Isso trará alegria para você e para todos.

CAPÍTULO 10

COMPARTILHANDO A MÁGICA DA ARRUMAÇÃO

Você pode questionar por que deve manter uma mesa arrumada se há um espaço em comum bagunçado bem ao lado. Ou por que organizou sua agenda se a cultura corporativa regularmente permite que outras pessoas a preencham novamente. E manter em dia a caixa de entrada numa empresa repleta de viciados em e-mail pode ser um desafio até para os organizadores digitais mais determinados. Mas o que importa é o seguinte: ao organizar seu trabalho, você está dando a si mesmo um presente que vai além de uma mesa arrumada, uma agenda organizada ou uma caixa de entrada vazia. Você reassumiu o controle de sua vida profissional. Então, qual é o próximo passo?

Compartilhe a mágica da arrumação com os outros!

É fácil imaginar que não podemos mudar muita coisa quando não estamos no comando. As pessoas são rápidas em criticar os principais líderes da empresa pelos problemas de organização que enfrentam no trabalho – em alguns casos, os chefes têm de fato sua cota de culpa. Porém, em vez de ficar só observando, concentre-se no que pode fazer para melhorar a situação. Pequenas ações podem provocar grandes e surpreendentes mudanças numa empresa. Nunca pense que você não é suficientemente importante ou experiente para fazer a diferença. Você é! Basta ser realista. As culturas corporativas não mudam da noite para o dia. Em vez de buscar isso, dissemine a alegria que a organização proporciona, um passo de cada vez.

Deixe que sua organização seja uma inspiração para os outros

Meu escritório costumava ser uma bagunça... uma imensa bagunça. Eu tinha livros demais, mesmo para um professor. E o pior é que não tocava na maioria deles havia anos. As pilhas de artigos sobre pesquisas eram tão altas que bloqueavam minha visão. As gavetas da escrivaninha rivalizavam com uma loja de conveniência de péssima qualidade: lanchinhos fora do prazo de validade e artigos de papelaria velhíssimos ainda nas embalagens. Havia inclusive uma chave misteriosa que até hoje não tenho ideia do que abria.

    Eu tinha pouquíssima motivação para arrumar até terminar de escrever meu primeiro livro, *O poder do menos: O segredo da alta produtividade*. Muitas pessoas passaram a vir até mim e perguntar o que meu trabalho tinha a ver com o Método KonMari. Sinceramente, no início eu me surpreendi com essas questões. Eu tinha evidências de como aproveitar ao máximo o que já se tem promove a criatividade, aumenta o desempenho no trabalho e, basicamente, melhora a vida. Sabia que Marie era uma autora muito prestigiada e uma especialista em arrumação. Mas o que um método que ensina as pessoas a organizar a casa poderia ter a ver com torná-las mais bem-sucedidas e satisfeitas no trabalho?

Na lista que a revista *Well+Good* publicou dos 10 livros mais interessantes para ler em 2017, estava *O poder do menos*, que foi chamado de "Marie Kondo avançado". Curioso, mas ainda um pouco cético, decidi experimentar e tentar arrumar meu escritório. Senti na pele a forte transformação proporcionada pelo método e entendi que se trata muito mais de um processo de autodescoberta do que realmente da organização em si. Um espaço bem arrumado se destaca e faz as pessoas se interessarem por arrumar as coisas. Mas é o autoaprendizado que aproxima você da vida que tanto deseja.

Depois que arrumei meu escritório, meus colegas ficaram surpresos. "Uau, o que aconteceu? Sua sala está incrível!", foi o comentário geral. Eles também queriam um espaço cheio de itens que amavam. Mostrar meu escritório foi só o começo. Eu tinha ambições maiores e queria que as pessoas organizassem todos os aspectos de seu trabalho.

É aqui que você entra. Embora não tenha como forçar os outros a arrumar as próprias coisas, você pode inspirá-los compartilhando tudo o que conquistou. Convide os colegas para conhecer seu espaço de trabalho. Fale sobre sua abordagem para gerenciar os e-mails e a agenda. Exiba a tela inicial do celular e a área de trabalho do computador. Mostre como evitou a sobrecarga diante de tantas decisões. Continue desenvolvendo conexões de alta qualidade, e as pessoas ficarão motivadas a fazer o mesmo. Explique como e por que você solicita educadamente a pauta das reuniões.

Se puder, vá além. Proponha aos líderes da empresa um dia de arrumação para que todos no escritório possam transformar seus espaços de trabalho. No caso das reuniões, sugira cancelar todas as que estiverem marcadas para um dia na semana, exceto as essenciais, e tente encurtar as que você ainda precisa ter. Use o tempo que sobrar para trabalhar em algo que lhe traga alegria. Recomende que todos na empresa fiquem uma hora por dia sem verificar o e-mail. Isso proporcionará o alívio necessário em relação às interrupções constantes. Depois, crie um grupo para trocar novas técnicas de organização e motivar uns aos outros a seguirem firmes.

Demonstre que você se importa com seu local de trabalho

Se você for como a maioria das pessoas, já passou por um pedaço de papel caído no chão e o deixou lá. Qual foi a última vez que você viu um prato sujo na copa do escritório e não fez nada? Já entrou numa sala de reuniões e encontrou o quadro com as anotações da última reunião? Esses desleixos não são grande coisa por si sós, mas demonstram falta de cuidado.

Com o tempo, os pequenos desleixos podem tomar uma proporção maior. Num estudo, pesquisadores compararam uma sala de trabalho compartilhada bem organizada com uma bagunçada. Depois de um tempo, a sala bagunçada tinha três vezes mais tralha acumulada[1] que a sala arrumada. Uma vez que a barreira da desordem é quebrada, as pessoas se sentem livres para continuar bagunçando. Isso vale para qualquer categoria que se tente organizar no trabalho, como, por exemplo, convidar muita gente para uma reunião ou enviar um número excessivo de e-mails. Logo, todo mundo está dando sua contribuição à desordem.

Meu pai era proprietário de um pequeno hotel de beira de estrada. Quando eu era criança, costumava acompanhá-lo ao trabalho alguns dias no verão. Enquanto caminhávamos, ele sempre catava o lixo que encontrava nos corredores. Um dia perguntei por que ele se dava ao trabalho, já que era o dono e tinha faxineiros para fazer isso. Ele calmamente me disse: "Cuidar do espaço é obrigação de todos, do faxineiro ao dono." Nunca esqueci a lição de que a participação de todos importa.

Não coloque pressão desnecessária em si mesmo para ser o responsável pela empresa inteira. Você não tem essa obrigação. Em vez disso, reflita: *Que coisas pequenas eu posso fazer para demonstrar zelo com meu local de trabalho?* Pode ser algo simples como lavar um prato na cozinha. Se uma reunião estiver virando uma bagunça, com muitas digressões e falas políticas, o que você pode dizer para recolocá-la de volta no rumo certo? Se as respostas a um e-mail saírem do controle, como você pode fazê-las retomar o foco?

Valorize seus colegas

Por meio da arrumação, você aprendeu a importância de cuidar dos itens e relações em sua vida. Isso se aplica ainda mais às pessoas com quem trabalha. Muitas vezes deixamos de reconhecer o valor de nossos colegas (e vice-versa). O trabalho que eles realizam, seu esforço e sua contribuição para o ambiente da empresa são inegavelmente importantes para nosso próprio sucesso e satisfação.

É muito fácil esquecer que a pessoa que você está tentando influenciar politicamente ou com quem você está discutindo ou brigando por recursos merece respeito. Trate-a com consideração e é provável que ela retribua. Os dois sairão ganhando.

Você valoriza seus colegas de trabalho?

Usando uma escala de (1) Nunca, (2) Raramente, (3) Às vezes, (4) Com frequência ou (5) Sempre, responda:
Em que medida você:

- demonstra gratidão às pessoas? _____
- reconhece as contribuições importantes feitas pelos outros? _____
- respeita, abre espaço e encoraja as pessoas a serem elas mesmas? _____
- dá às pessoas o benefício da dúvida? _____
- trata os outros com respeito? _____

Some sua pontuação. Se o total for menor que 20, você tem espaço para melhorar: dê atenção aos outros, escute, fale com sinceridade e trate qualquer pessoa que encontrar como alguém que merece respeito e consideração. Poder, status, dinheiro, fama e riqueza não devem influenciar a maneira como tratamos as pessoas. Ajude a criar um ambiente que respeite todo mundo, usando como lema uma lição básica da arrumação: seja grato.

Não confunda gratidão com a apreciação pelas regalias fornecidas por sua empresa. Quando trabalhei numa startup no Vale do Silício, a empresa oferecia como cortesia o café da manhã e o jantar. A princípio, achei que era uma ótima maneira de agradecer aos funcionários pelo trabalho árduo e aguardava ansiosamente pelo que estava no cardápio todas as noites. Com o tempo, ficou claro que era apenas uma maneira de estender o expediente. Muitas vezes eu me alongava no trabalho pois sabia que havia um jantar à espera, o que interferia em minhas noites e até no meu sono.

Escuto com frequência as pessoas se queixarem de que não se sentem valorizadas. Não é o jantar gratuito ou os brindes oferecidos pela empresa que elas buscam, mas sim o reconhecimento por seu trabalho – os cumprimentos por um trabalho bem-feito ou o agradecimento por ter aberto mão do tempo com a família para realizar um esforço extra. Faça sua parte agradecendo às pessoas por suas contribuições, seja você o chefe ou o mais novato do grupo.

Uma pesquisa recente feita com 2 mil americanos[2] mostra que a maioria das pessoas acredita que expressar gratidão a um colega de trabalho faz com que ele se sinta mais feliz e realizado. No entanto, a mesma pesquisa descobriu que apenas 10% dos funcionários agradece a alguém no trabalho todo dia. Resultado: muitas ações, grandes e pequenas, passam despercebidas e sem reconhecimento, a despeito da alegria proporcionada por agradecer e receber um agradecimento. A pesquisa também constata que o reconhecimento aumenta o engajamento dos funcionários[3] e os deixa mais dispostos a ajudar seus colegas.

Expressar gratidão não custa quase nada no que diz respeito a tempo e dinheiro. Numa empresa de 1.500 funcionários que vende camisetas e outros produtos por encomenda, eles usam "UAUs" para expressar gratidão por coisas que os funcionários fazem. Qualquer colaborador pode enviar um UAU a um colega por conta de uma pequena realização (um agradecimento por fazer algo extra para ajudar um cliente) ou até por uma grande conquista (concluir um projeto importante). O mais importante é que os UAUs sejam detalhados. A especificidade transmite sinceridade e mostra que você está realmente prestando atenção.

Se sua empresa não tem uma maneira oficial de facilitar a demonstração de gratidão, crie a sua. Há muitas contribuições maravilhosas que as pessoas fazem no trabalho e que acabam ignoradas em meio à rotina. Faça uma pausa e olhe ao redor. O que você vê?

Quando foi a última vez que agradeceu verdadeiramente a um colega por algo que ele fez? Depois de uma reunião, agradeça aos que participaram e explique em detalhes por que a colaboração deles foi útil. Dê crédito publicamente às pessoas que contribuíram para os projetos. Faça elogios.

~

Conte a seus colegas sobre sua jornada no mundo da arrumação e ajude o restante do escritório a irradiar mais alegria. Ensine suas técnicas para aqueles que quiserem aprender. Explique como a arrumação transformou seu trabalho e sua vida, e logo surgirão outras pessoas ansiosas para transformar a própria experiência.

No próximo e último capítulo do livro, Marie apresentará algumas dicas finais para despertar ainda mais alegria no trabalho. Ela também vai revelar as pequenas mudanças que implementou e que tiveram um grande impacto em sua vida profissional.

CAPÍTULO 11

COMO DESPERTAR AINDA MAIS ALEGRIA NO TRABALHO

Abordamos uma ampla gama de temas neste livro, incluindo como organizar o escritório, os dados digitais, o tempo, as decisões, as redes de contatos, as reuniões e as equipes. Neste último capítulo, apresento os pontos que tenho sempre em mente e certas coisas que faço para que meu trabalho me proporcione ainda mais alegria, bem como estratégias que aprendi com outras pessoas e que gostaria de incorporar ao meu trabalho.

Cuidar do que usamos melhora o desempenho

Quando eu trabalhava na agência de recursos humanos, a primeira coisa que fazia quando chegava ao escritório era limpar meu espaço de trabalho. Depois de pendurar a bolsa, eu pegava meu pano de limpeza favorito na gaveta e limpava o tampo da mesa. Depois, passava o pano no notebook, no teclado e no mouse, com os pensamentos focados na seguinte frase: *Que hoje seja outro grande dia no trabalho!* Também limpava o telefone, agradecendo por ele sempre me trazer oportunidades maravilhosas.

Toda segunda-feira era dia de faxina geral. Eu limpava as pernas da cadeira, depois entrava embaixo da mesa e limpava os fios. Descrito assim, parece muito trabalho, mas não demorava nem um minuto e deixava minha área de trabalho muito mais limpa e arrumada. O ambiente ficava mais leve e era mais fácil me concentrar no trabalho. Enquanto minhas mãos se ocupavam com a limpeza, eu podia esvaziar a mente e aproveitar essa parte do dia para meditar um pouco, um ritual que me permitia entrar no "modo trabalho".

Com a continuidade desses exercícios diários, meu desempenho profissional melhorou, resultando em mais negócios fechados e vendas maiores. Pode soar bom demais para ser verdade, mas o número de vezes em que a melhoria em meu desempenho foi citada nas reuniões trimestrais definitivamente aumentou. E não aconteceu só comigo. Presenciei inúmeros exemplos de como o cuidado com as coisas que usamos faz o trabalho render mais. Muitos clientes relataram que, após adotarem essa prática de limpeza do espaço de trabalho no início do dia, notaram que as propostas de projetos passaram a ser aceitas mais rapidamente e que a performance de vendas melhorou.

Por algum tempo, refleti sobre por que isso acontecia e cheguei a algumas conclusões. Para começar, se é para limpar a mesa pela manhã, ela já precisa estar arrumada. Uma mesa arrumada significa que não precisamos mais perder tempo procurando um documento ou pensar em onde guardá-lo quando estiver fora de uso. Isso melhora a eficiência no trabalho. Além do mais, trabalhar em um ambiente em ordem passa uma sensação boa, dá uma perspectiva mais positiva e permite o fluxo livre de ideias e inspirações. Porém, o mais importante, na minha opinião, é que, ao cuidar dos itens que tornam nosso trabalho possível, emitimos uma vibração diferente. Nossa atitude e nosso comportamento em relação a clientes e colegas muda, e isso leva, naturalmente, a resultados melhores.

Quando cuidamos daquilo que escolhemos manter, recebemos de volta uma energia positiva. Os anos de experiência me mostraram que qualquer lugar onde as coisas são tratadas com respeito e gratidão, seja uma casa ou um escritório, se torna um lugar tranquilo e de energia positiva.

Para transformar um espaço de trabalho num lugar tranquilo que gera um fluxo constante de energia positiva, a primeira providência é mantê-lo limpo. Pessoalmente, gosto de usar meu pano de limpeza favorito, ou lenços de limpeza perfumados, porque eles ajudam a tornar a limpeza um hábito agradável. Durante a limpeza, lembre-se de demonstrar gratidão pelas coisas que usa o tempo todo e, ao colocar os objetos de volta em seus lugares, agradeça a cada um por ajudá-lo a fazer seu trabalho.

O ideal é manter esse estado de gratidão o dia inteiro, começando logo pela manhã com um agradecimento a tudo o que faz o trabalho fluir. Se isso não acontecer de maneira natural, tudo bem demonstrar gratidão sempre que se lembrar.

Uma de minhas clientes teve uma ótima ideia. Ela escreveu "Sempre grata!" numa fita bonita e a prendeu na lateral do monitor do computador para não se esquecer de agradecer pelas ferramentas que a ajudam a realizar o trabalho.

Acredite: o efeito de valorizar as coisas que você usa é ilimitado. Por que não transformar seu espaço de trabalho num lugar energizante?

Trazendo mais alegria ao local de trabalho

"Não pense nisso como uma arrumação. Diga a si mesma que é decoração de interiores." Foi isso que a mãe de uma amiga recomendou uma vez quando a filha se recusou a arrumar suas coisas. Uma ótima maneira de ressignificar! Quando dizemos a nós mesmos que *temos* que fazer algo, temos a sensação de uma obrigação. Mas, quando encaramos a arrumação como uma empreitada criativa que trará alegria a nosso espaço de trabalho, ficamos felizes em realizá-la.

Por isso, quando for organizar seu espaço de trabalho, não pense nisso como "arrumar". Diga a si mesmo que está projetando um lugar alegre para o seu trabalho. Afinal de contas, parece mesmo com o trabalho de decoração, principalmente quando você termina de arrumar e escolhe seu estilo favorito. Enquanto estiver organizando as coisas, tenha em mente seu ideal de vida profissional e veja o que pode fazer para que esse espaço faça seu coração se alegrar.

Considere as canetas, por exemplo. Só quando começam a arrumar suas mesas é que a maior parte de meus clientes percebe que está usando basicamente brindes. Esta é sua chance de começar a escolher canetas que lhe trazem alegria, e não objetos banais. Quando for escolher os itens para o trabalho diário, tais como porta-canetas, tesouras ou fita adesiva, certifique-se de que são os que mais lhe agradam. Embora possa parecer melhor substituir tudo de imediato por versões mais atraentes, o mais indicado é fazer isso no seu ritmo. Em vez de sair às pressas e comprar um monte de coisas novas que são apenas satisfatórias, recomendo continuar procurando até encontrar itens que realmente tragam alegria só de olhar ou pegar para usar.

Também vale a pena escolher alguns objetos que são puro deleite, ainda que não necessite deles para o trabalho. Chamo essa prática de "alegria extra". Você pode acrescentar qualquer coisa que levante seu astral, como uma foto, um cartão-postal ou uma planta. Eu gosto de colocar um cristal sobre a mesa. Além do brilho e da beleza, acho que ele também purifica o ambiente, fazendo a inspiração brotar com mais facilidade.

O exemplo mais inusitado de "alegria extra" que encontrei em minha carreira de consultora foi um kit de escova de dentes. Pertencia ao presidente de uma empresa, que o mantinha à vista de todos em sua mesa. Achei isso tão estranho que não resisti e perguntei o motivo. "Mesmo estando sentado à minha mesa, ninguém aparece para conversar se achar que eu estou indo escovar os dentes", ele explicou. "É muito conveniente quando quero me concentrar, porque ninguém me interrompe." A mera presença do kit sobre a mesa lhe trazia alegria e sensação de segurança.

Obviamente, esse exemplo não é comum. A empresa era pequena, tinha apenas dois funcionários, e o lavabo ficava bem atrás da mesa do presidente. O importante é decorar sua mesa com qualquer coisa que lhe traga alegria, seja lá o que for.

Falando em decorar mesas, desde que comecei a trabalhar nos Estados Unidos, percebi que os americanos tendem a adicionar mais objetos que lhes trazem alegria ao local de trabalho do que as pessoas no Japão. Os trabalhadores japoneses hesitam em expor itens pessoais, embora seja bem comum os americanos exibirem fotos de casamento ou uma planta. Já vi aeromodelos e enormes balões de festa nos escritórios. Mesmo que no início ficasse surpresa, isso me fez entender a importância de adicionar algo divertido.

De todos os escritórios que conheci nos Estados Unidos, o do Airbnb em São Francisco se destaca no quesito diversão. O escritório estimula a criatividade dos funcionários e valoriza as trocas. São muitas saletas disponíveis para os funcionários trabalharem sozinhos ou realizarem pequenas reuniões. A decoração de cada ambiente é inspirada num lugar diferente do mundo, como Paris, Sydney ou Londres. Nesse caso, o estabelecimento inteiro foi planejado para trazer alegria, mas, mesmo que o prédio de sua empresa não seja assim, ainda é possível fazer coisas para alegrar sua área de trabalho. Veja alguns exemplos:

- Defina uma cor para coordenar os itens em sua mesa.
- Escolha um filme ou história favorita como tema para decorar seu espaço de trabalho.
- Pesquise fotos on-line para decorar a área da mesa.
- Coloque um pequeno vaso de planta na mesa.
- Inclua uma foto que lhe traga memórias alegres.

- Acrescente alguma coisa com brilho, como um cristal ou um peso para papel de vidro.
- Mantenha algum item aromático na mesa para marcar apenas seu espaço com uma fragrância especial.
- Enfeite sua mesa com uma vela bem bonita.
- Escolha um porta-copos de sua preferência.
- Mude a foto da área de trabalho do computador de acordo com a estação do ano.

E quanto a você? Que ideias vêm à mente para trazer mais felicidade ao seu espaço de trabalho? Libere a imaginação e acrescente muitos toques de alegria extra.

E se o seu emprego atual não lhe traz alegria?

Arrumar as coisas aprimora naturalmente nossa capacidade de discernir o que nos traz alegria do que não nos traz, e aprendemos a aplicar essa sensibilidade a tudo. Conheço muita gente que trocou de emprego ou pediu demissão para começar o próprio negócio assim que terminou de arrumar seu espaço de trabalho.

Quando conto isso, as pessoas em geral me dizem: "Meu emprego atual não me traz alegria. Devo pedir demissão e procurar outro?"

Uma dessas pessoas foi a Yu, que trabalhava para uma indústria alimentícia. Após organizar sua casa e seu espaço de trabalho, ela descobriu que o que realmente lhe trazia alegria era criar acessórios.

"O salário que recebo onde trabalho é bom, mas chego em casa exausta todos os dias. Não é prazeroso", ela me relatou. "Eu me pergunto se não seria melhor me tornar designer de acessórios e abrir meu próprio negócio. Ou então trabalhar numa empresa que vende acessórios e artesanato."

Quando os clientes me consultam sobre esse tipo de coisa, minha primeira reação é encorajá-los a escolher o caminho que lhes trouxer mais alegria. Yu, no entanto, estava dividida sobre o que queria. "Os designers de acessórios não ganham o bastante para se sustentar", explicou. "E não encontrei nenhuma empresa que realmente me atraísse."

Minha segunda sugestão foi que ela fizesse uma análise da alegria. Sugeri que examinasse todos os aspectos de seu trabalho e decidisse quais lhe traziam alegria e quais não traziam. Também pedi que identificasse se tinha ou não controle sobre esses aspectos.

Quando nos encontramos novamente, alguns meses depois, fiquei impressionada ao ver como estava diferente. Parecia muito mais contente e tranquila. Ela me disse que, depois de avaliar seu trabalho, decidiu permanecer lá. "Quando analisei o que não me trazia alegria, descobri que grande parte da minha insatisfação era o deslocamento na hora do rush. Era exaustivo", contou. "Então passei a chegar e sair uma hora mais cedo. Isso diminuiu muito meu cansaço matinal e passei a conseguir trabalhar com muito mais eficiência."

Outro fator que não lhe trazia alegria era um cliente de que não gostava. "Então resolvi agir: reuni coragem, conversei com meu chefe e ele indicou outra pessoa para atender o cliente. Ao mudar o que estava ao meu alcance, consegui eliminar muitas coisas que tiravam meu prazer de trabalhar.

Agora gosto muito do que faço. Claro que nem tudo me traz alegria, mas entendi que meu ideal de vida profissional é ganhar um bom salário enquanto busco realizar minha paixão pelo design de acessórios no tempo livre."

Se, como Yu, você está considerando mudar de emprego, recomendo que, em primeiro lugar, analise sua situação atual. Quando enfrentamos dificuldades no trabalho, seja nos relacionamentos com colegas ou com clientes, ou ainda em nossas responsabilidades profissionais, esses problemas muitas vezes são resultado de uma combinação de fatores. Precisamos examinar e abordar cada um deles. O que traz alegria para você no trabalho agora e o que não traz? O que pode ser mudado e o que não pode? Faça uma análise objetiva de sua situação e pense no que precisa fazer para conquistar uma vida profissional prazerosa. Deve haver ações que você ainda pode tomar para melhorar as coisas.

Quer você decida permanecer no emprego atual, procurar um novo emprego ou pedir demissão e abrir o próprio negócio, analisar e aceitar sua realidade atual é uma excelente preparação para o próximo passo. Isso é algo que a experiência na arrumação me ensinou. Dar um novo passo sempre implica desapegar e dizer adeus a alguma coisa. É por isso que é tão importante preparar a mente primeiro. Talvez seja por causa do estresse envolvido, mas a ironia é que, quando desdenhamos de coisas que não trazem alegria, quando nos livramos delas para nos concentrarmos nos motivos pelos quais não as queremos ou não precisamos delas, e ainda por cima as chamamos de lixo inútil, é provável que acabemos comprando mais do mesmo e enfrentando problemas semelhantes.

Portanto, quando você decidir não manter algo, concentre-se

no bem que o objeto lhe trouxe e o descarte com gratidão pela conexão que teve com ele. A energia positiva que você direciona para esse item atrairá novos e alegres encontros. O mesmo princípio se aplica ao considerar uma mudança de emprego. Pense no seu trabalho de maneira positiva e com gratidão, reconhecendo que, embora possa ter sido difícil, ele lhe ensinou coisas como a importância de manter certa distância nos relacionamentos profissionais, ou que foi graças a essa experiência que você descobriu o estilo de trabalho que é melhor para você. Esse tipo de atitude o encaminhará para o trabalho mais adequado e para a próxima etapa da sua vida.

Saboreie o processo de criar uma vida profissional feliz

De todas as pessoas que conheci, aquela que parece gostar mais de seu trabalho é o famoso calígrafo e artista japonês Souun Takeda, que também assina a caligrafia usada como ilustração na capa deste livro. Até conhecê-lo, a imagem que eu tinha de um calígrafo era de alguém muito sério empunhando um pincel de maneira solene e franzindo as sobrancelhas. Souun, no entanto, é o oposto disso. Ele ama intensamente o que faz.

"A criação de novas obras não é um processo sofrido para mim", ele conta. "É algo natural, que não sei explicar. Simplesmente acontece." Sem dúvida, uma visão original e descontraída. Aos 42 anos, ele é um artista prolífico e requisitado, mas seu sucesso não veio de repente. Ele começou quando tinha 3 anos, aprendendo com a mãe, ela mesma calígrafa profissional. Seu primeiro emprego depois de formado foi no departamento de vendas de uma grande empresa de TI. Quando pediu demissão e abraçou a carreira de calígrafo como autônomo, teve dificuldade de conseguir clientes. Apesar de seu trabalho no momento ser pura alegria, chegar a esse ponto levou tempo e exigiu muito esforço.

Esse também é o meu caso. Para mim, a arrumação é tão natural quanto respirar. E é muito divertida. Ainda assim, nem sempre foi uma jornada tranquila. Minha paixão por arrumação começou aos 5 anos, mas precisei de muito tempo de tentativas e erros para desenvolver meu método e chegar aonde cheguei. Hoje levo o KonMari a pessoas do mundo inteiro por meio de palestras, livros, TV e outras mídias. Essa parte do meu trabalho nem sempre é divertida e ainda enfrento muitos desafios. Quando penso nisso, porém, lembro que faz menos de 10 anos que comecei a compartilhar mais amplamente meus conhecimentos com as pessoas, então faz sentido que eu não seja tão boa nisso como sou na arrumação. Mas tenho aprendido e evoluído muito nesse período.

Depois que saí da agência de RH e passei a trabalhar como autônoma, meu primeiro seminário teve apenas quatro inscrições, sendo que duas cancelaram no último minuto. Na enorme e quase vazia sala de conferências, eu tive dificuldade em transmitir minha mensagem, terrivelmente consciente de minha inexperiência. Eu me sentia tão mal pelos pobres participantes que queria fugir e me esconder.

Essa experiência me ensinou que eu não tinha habilidades de marketing. Comecei a ler o máximo de livros sobre relações públicas e gestão de negócios que consegui encontrar, passei a frequentar seminários, fiz contatos ao participar de reuniões com empresários e comecei um blog para alcançar exposição. Em vez de tentar atrair multidões, recomecei numa escala menor, realizando seminários em centros comunitários para grupos de até 10 pessoas em salas de tatame, onde nos sentávamos à maneira japonesa.

Depois, montei um estande em eventos de bem-estar. Para chamar a atenção, passei a usar um kimono de algodão conhecido como *yukata* e prendi um leque grande em minha faixa com a frase: "Deixe-me resolver seus problemas de arrumação!" Eu andava pela área do evento vestida assim para divulgar meus serviços.

Graças a essas estratégias, cheguei ao ponto de poder realizar seminários mensais para 30 pessoas e conseguia lotar a sala. O número de clientes individuais também começou a crescer. Quando a lista de espera chegou a seis meses, as pessoas começaram a pedir que eu escrevesse um livro sobre meu método, e isso levou à publicação de *A mágica da arrumação*.

É claro que ainda me deparo com novos desafios, como quando tenho que falar para milhares de pessoas. No entanto, a cada ano que passa, percebo que, quanto mais experiência eu ganho, maior é a alegria que sinto em meu trabalho.

O trabalho tem como base as experiências acumuladas, e é por meio dele que crescemos. Nada é pura satisfação desde o início. Mesmo quando algo não vai bem ou não parece adequado naquele momento, se ainda assim estiver encaminhando você para um futuro que lhe traga alegria, então pense nisso como a dor do crescimento.

Se sua vida no trabalho nem sempre é feliz, não veja isso como um fracasso. Ao contrário disso, reconheça o potencial desse momento para aproximar você do seu ideal, aproveite o caminho e celebre o fato de que você ainda está evoluindo.

Tenha a certeza de estar criando uma vida profissional gratificante neste momento por meio do processo diário de aquisição de experiências.

Quando o medo da opinião dos outros atrapalha

A arrumação pode ajudá-lo a obter uma imagem clara do caminho que leva à alegria. Você passa a enxergar o que o emociona, as coisas que sempre quis fazer e quais desafios deseja assumir. Mas, quando se trata de realmente trilhar este caminho, você pode sentir um misto de apreensão e entusiasmo. Muitas pessoas descobrem o que gostariam de tentar fazer, mas se retraem por se preocuparem com o que os outros podem pensar.

Sei disso por experiência própria. Minha missão é fazer com que a arrumação ajude a aumentar a alegria no dia a dia de cada vez mais pessoas. Por isso, escrevo livros, faço palestras e apareço na mídia. Há alguns anos, quando revisei minha missão, senti que estava na hora de começar a compartilhar minhas ideias nas redes sociais para alcançar mais pessoas. Mas só a ideia de fazer isso me deixou aterrorizada. Tinha medo de me tornar alvo de críticas negativas quando apresentasse meus pensamentos e estilo de vida nesses fóruns abertos. Por muito tempo, não consegui sequer criar uma conta nas redes sociais.

Por fim, consultei Jinnosuke Kokoroya, um terapeuta bastante conhecido no Japão. Ele é também um velho amigo, e nossas famílias gostam de passar tempo juntas.

– Gostaria muito de começar a usar as redes sociais para divulgar minha mensagem – contei a ele. – Mas não consigo fazer isso porque tenho medo de as pessoas começarem a me odiar e a me atacar.

Jinnosuke sorriu e respondeu:

– Não se preocupe, Marie. Muita gente já odeia você.

(É isso, aliás, que ele fala a todos os clientes que têm medo de serem odiados. Essa é a abordagem dele.)

Aposto que ele tem razão, pensei. Insegura, fiz uma busca pelo meu nome na internet. Depois do meu site oficial e blog, a entrada com maior número de ocorrências era o artigo "Por que odiamos Marie Kondo". Fiquei assustada, mas, graças a isso, mudei completamente de atitude. O medo que eu tinha da opinião alheia me impedia de usar as redes sociais, mas percebi que não havia motivo para me preocupar. Usando-as ou não, as pessoas já me criticavam.

Parei e me perguntei: *Será que traz alegria rejeitar o caminho que é minha vocação porque estou com medo de ser criticada?* A resposta foi um sonoro não. Minha voz interior gritou: *Quero disseminar a alegria por meio do Método KonMari para o maior número de pessoas possível!* Imediatamente, criei o perfil @mariekondo no Instagram e outras contas nas redes sociais.

No fim das contas, não recebi tantas críticas assim, e o número de pessoas que apoiaram minha decisão de me aventurar nas redes sociais continua crescendo. As informações e notícias positivas que publiquei começaram a ocupar os primeiros lugares no ranking de buscas da internet. Apesar da preocupação inicial, agora estou feliz por ter tido a coragem de dar o primeiro passo.

Há muitos tipos de pessoas, de perspectivas e de sistemas de valores no mundo, então não podemos esperar que todos gostem do que fazemos ou que nos entendam. É natural receber críticas. Não importa o que fizermos, alguém certamente vai nos compreender mal. Seria um desperdício, portanto, escolher um estilo de vida que não traz alegria só por medo de ser criticado.

Só se tem uma chance na vida. O que você vai escolher? Viver com medo do que os outros podem pensar ou seguir seu coração?

> ## ESQUEÇA O PASSADO PARA APROVEITAR O FUTURO
>
> É comum entulharmos a mente com nossos maiores medos, nossas ansiedades, nossos fracassos e críticas alheias. Embora muitos de nós tenham mais experiências positivas do que negativas, nos lembramos mais das negativas[1] – e elas têm um impacto enorme sobre nossa saúde mental.
>
> Quando nos autocriticamos, ficamos menos confiantes. Ter fixação pelo fracasso real ou imaginário nos coloca no caminho do fracasso[2] no futuro, porque ficamos distraídos pensando em nossos "defeitos". Isso também dificulta a busca por nosso ideal de vida, ou qualquer outro objetivo, porque estamos preocupados com os erros do passado e ansiosos em relação aos erros futuros.
>
> A solução é parar de gastar energia mental ruminando sobre o passado, comparando o que você tem

> ou faz com o que os outros têm ou fazem, ou pensando no erro que cometeu na semana passada.
> Para descartar um pensamento negativo, escreva-o num pedaço de papel. Respeite a mensagem refletindo sobre ela. Tire uma lição do que aconteceu. Pergunte como transformar isso numa oportunidade de aprendizado que contribua para seu crescimento. Depois, livre-se do papel (rasgue-o, queime-o, enterre-o), e o pensamento desaparecerá junto com ele. O pensamento negativo ensina muito, mas é preciso manter a lição e descartar a autocrítica. **S. S.**

Arranje tempo para uma autoanálise honesta

Quando penso em alguém cujo trabalho é organizado, logo me vem à mente meu marido, Takumi Kawahara, que é CEO e um dos fundadores da KonMari Media, Inc., além de meu produtor.

Quando digo que seu trabalho é organizado, quero dizer que ele tem sempre clareza sobre o que precisa ser feito, executa suas tarefas com eficiência e trabalha sem estresse e com alegria. Ao contrário disso, uma pessoa cujo trabalho fosse desorganizado seria alguém sempre sobrecarregada de tarefas e que fica muito estressada quando está trabalhando.

Takumi reserva um tempo para o trabalho de escritório e se concentra nele até acabar tudo. Também resolve imediatamente toda tarefa que chega e logo devolve a bola para a outra pessoa. Duas vezes por semana, vai à academia fazer exercícios para manter a forma. Ele acompanha os lançamentos de livros e filmes, brinca com nossas filhas, realiza o trabalho doméstico e ainda arranja tempo para relaxar. Sou totalmente o oposto. Quando estou escrevendo um livro, é comum me sentir exausta e pressionada pelos prazos.

Então, como ele consegue fazer seu trabalho corretamente e no prazo certo e ainda ter tempo para relaxar? Seu estilo de trabalho é um exemplo tão invejável de "alegria no trabalho" que decidi perguntar qual é o segredo dele. "Faço questão de reservar um tempo para uma autorreflexão honesta", explicou ele.

A cada duas semanas, ele reserva uma hora ou mais para refletir sobre por que está trabalhando, o que espera alcançar através de seu trabalho e qual é sua vida profissional ideal. Com base em suas conclusões, coloca todas as tarefas pendentes em ordem de prioridade e passa 10 minutos todas as manhãs, antes de começar a trabalhar, decidindo quais vai resolver naquele dia. (Tenho certeza de que não sou a única espantada com a frequência e o tempo que ele dedica a isso!)

Esse tipo de planejamento é apenas uma parte do processo. Ele também diz que é crucial refletir sobre suas ações para poder revisá-las e aprimorá-las. Aplica a Regra 80/20 diariamente – a teoria que diz que 80% dos resultados nos negócios e na vida provêm de apenas 20% de nossos esforços. Ele avalia suas tarefas e elimina aquelas que são desnecessárias e improdutivas, focando apenas nas que são produtivas. Por exemplo, se achar que estamos fazendo reuniões demais sobre a vida profissional ideal, ele cortará de quatro para duas reuniões por mês ou encurtará sua duração, de 60 para 50 minutos, de modo que possa aumentar o tempo e a energia dedicados ao trabalho mais produtivo.

Takumi coloca em ordem de prioridade não apenas as tarefas de trabalho, como também as pessoas a quem dedica seu tempo. Seu foco principal é garantir um tempo para a autorreflexão. Depois, vem o tempo para a família, incluindo as crianças e eu, nossos funcionários, parceiros de negócios e clientes. Ele diz que as boas relações com as pessoas mais próximas a ele promovem uma atitude melhor, comunicações mais claras (o que diminui os problemas causados pela falta de comunicação) e aumento da produtividade. No final, todas essas coisas resultam em serviços melhores aos nossos clientes.

Fiquei surpresa ao saber que ele desenvolveu essa abordagem quando ainda era funcionário de outra organização, e não após se tornar CEO da nossa empresa. Tenho certeza de que ele tem conseguido promover alegria no trabalho por causa do hábito de fazer uma autorreflexão, avaliar sua situação naquele momento e fazer melhorias.

Maneiras de organizar o trabalho a dois

Influenciada por Takumi e pelo tipo de pessoa que ele é, eu agora arranjo tempo para refletir com ele sempre que as pilhas de tarefas e minha carga de trabalho aumentam, ou sempre que sinto que minha produtividade está caindo. Juntos, organizamos nosso trabalho usando os três passos seguintes.

Passo 1: Ter um panorama da realidade.

Pegamos um grande caderno de desenho, viramos na posição horizontal e traçamos uma linha ao longo do topo da página. Dividimos essa linha em 12 partes iguais com os nomes dos meses e escrevemos nelas os eventos previstos para o ano. Por exemplo, "Março: Palestra em Nova York", "Maio: Filmagem para programa de TV", "Agosto: Lançamento do livro". No espaço embaixo, anotamos ideias para projetos que gostaríamos de fazer mas para os quais ainda não há data definida. Isso nos dá uma visão geral clara dos projetos em andamento e futuros naquele momento.

Passo 2: Organizar projetos por prioridade e montar o cronograma.

O passo seguinte é decidir a ordem de importância dos projetos. Para isso, é preciso fazer as seguintes perguntas:

- Isto traz alegria?
- Trará alegria no futuro?
- É algo que tem que ser feito mesmo que não traga alegria?

Na hora de decidir se determinado projeto levará a um futuro feliz, consideramos se ele nos ajudará a alcançar nossa meta e concretizar nossa filosofia corporativa, que é "organizar o mundo".

Depois que nossos projetos estão em ordem de prioridade, avaliamos quanto tempo dedicar a cada um e anotamos na programação. Nossa política básica é destinar a maior parte de nossa energia ao trabalho que traz alegria e que nos conduz a um futuro feliz, e dedicar o tempo mínimo necessário aos trabalhos que têm que ser feitos obrigatoriamente. Depois que todos os projetos estão no papel, fazemos uma revisão. Se notamos que há muito tempo dedicado ao trabalho relacionado a publicações, ou que precisamos fazer ações para aumentar o reconhecimento da marca, ajustamos o tempo destinado a cada projeto e tarefa.

Passo 3: Dividir os projetos em tarefas.

Os dois passos anteriores fornecem uma visão geral, incluindo a ordem de prioridade para os projetos e de quanto tempo cada um vai precisar. O terceiro passo é quebrar cada projeto em tarefas mais detalhadas e incluí-las em nossa agenda virtual ou impressa. Ao término dessa etapa, fazemos uma revisão geral na programação. Se decidimos que uma tarefa registrada lá tem baixa prioridade, ajustamos o cronograma eliminando essa tarefa ou a transferindo para outra data. Dessa forma, criamos um cronograma que inclui apenas as tarefas mais importantes e gratificantes.

Nossa abordagem básica para a organização do trabalho pode ser aplicada a um período de três anos em vez de apenas um, ou ser usada para analisar um único projeto mais detalhadamente. Depois que comecei a organizar meu trabalho dessa forma, percebi quanto as tarefas cotidianas são importantes. Isso me ajudou a ficar mais motivada e aumentou minha concentração.

Graças a esse processo de organização feito com Takumi, aprendi que meu nível de alegria e motivação aumenta muito quando realizo cada tarefa, por menor que seja, reconhecendo seu significado.

Seu trabalho e sua vida são a soma de suas escolhas

Logo após começar a trabalhar na esfera internacional, fiquei tão ocupada que mal conseguia pensar. Meu marido também é meu empresário, e a sensação que eu tinha é de que ficava o tempo todo reclamando com ele. Num dia bom, eu resmungava: "Minha agenda está tão apertada que não tenho tempo para descansar. E, sem uma pausa, como posso fazer um bom trabalho?" Porém, num dia ruim, quando meu nível de estresse estava no máximo, dizia coisas que tenho vergonha até de escrever. "Minha equipe e meus clientes, todos parecem felizes, menos eu!", ou "Aqui estou eu dizendo às pessoas como a alegria é importante, mas não há alegria para mim".

Sempre que eu ficava desse jeito, Takumi dizia: "Marie, se você realmente não quer fazer isso, pode parar a qualquer momento. Se preferir cancelar essa palestra, posso conversar com o organizador e pedir desculpas. Se não gosta de ter uma empresa, podemos encerrar tudo." O tom dele era calmo e neutro, sem o menor traço de sarcasmo ou decepção, e ele nunca tentou me pressionar.

As palavras dele sempre me faziam cair na real. Eu tinha aceitado aquela palestra avidamente, vendo-a como uma boa oportunidade. Abrir uma empresa nos Estados Unidos foi decisão minha. Era isso que eu realmente queria. Todos aqueles compromissos eram etapas do caminho que escolhi porque desejo disseminar o Método KonMari e compartilhar a alegria que ele pode trazer a nossas vidas.

Durante as sessões de arrumação, quando meus clientes não conseguem chegar a uma decisão sobre descartar ou não determinado item, sempre os aconselho a manter o item com confiança. Se for uma bolsa que não traz alegria mas que custou tão caro que a pessoa não consegue abrir mão, recomendo que não a esconda no fundo do armário, mas a coloque junto com as bolsas que trazem alegria. Em vez de bombardear a coitada com pensamentos negativos toda vez que a vir, sugiro que envie um olhar amoroso e que agradeça a ela por existir.

Quando resolvemos manter algum objeto com uma atitude positiva, essa escolha conduz naturalmente a dois tipos de resultados: ou descobrimos que o item que guardamos desempenhou seu papel até o fim e estamos prontos para descartá-lo, ou nossa afeição por ele crescerá, elevando-o à categoria de algo que traz alegria. Isso se aplica não apenas à arrumação física, mas a todas as escolhas que fazemos.

A decisão consciente de manter as coisas, que acontece quando dizemos a nós mesmos que escolhemos mantê-las porque era isso que queríamos, nos leva a duas situações possíveis: ou nos desapegamos e descartamos as coisas com gratidão ou as mantemos e as valorizamos.

Nosso trabalho e nossa vida são o resultado acumulado das escolhas que fizemos. Qualquer coisa que aconteça é consequência de nossas decisões. Se você estiver envolvido em algo que não lhe traz alegria, lembre-se de que o lugar em que se encontra agora faz parte do caminho que escolheu no passado. Baseado nesse entendimento, pergunte a si mesmo o que quer fazer a seguir. Se escolher desapegar de algo, faça isso com gratidão. Se escolher manter algo, faça isso com convicção. Qualquer que seja o caso, se a decisão for tomada de maneira consciente e com segurança, certamente contribuirá para uma vida feliz.

VOCÊ MERECE TER ALEGRIA NO TRABALHO

Saber o que desperta alegria no trabalho serve como um guia para aproximar seu emprego de seu ideal de vida profissional. Desfrute seu espaço de trabalho organizado. Use o tempo livre e a energia mental que a arrumação criou para realizar as tarefas que lhe trazem mais alegria. Desenvolva mais projetos prazerosos assumindo atividades fora de suas principais responsabilidades. Valorize as atividades que realmente deixam você mais feliz (mesmo que precise manter outras menos prazerosas) e se especialize nelas. Tente passar mais tempo com os colegas que lhe trazem alegria e se esforce ao máximo para evitar aqueles que não acrescentam nada.

Se essas ações não forem capazes de melhorar as coisas, pode ser necessária uma mudança mais substancial. Se seu emprego lhe traz alegria mas a empresa não, considere procurar um novo lugar para trabalhar. Se seus colegas lhe trazem alegria mas seu cargo não, considere uma transferência interna. Se acha que já explorou todo o potencial de sua ocupação atual, considere realizar um novo tipo de trabalho.

> Mas tenha cuidado. A grama do vizinho sempre parece mais verde, e geralmente há muita alegria e potencial inexplorados onde você já está trabalhando.
>
> Quer você decida ficar ou sair, não se apegue ao passado (É assim que sempre trabalhei) nem tenha medo do futuro (Se eu não fizer esse trabalho, o que vou fazer?). A maneira como você executa sua função atual pode ser confortável, mas, se ela não lhe traz mais alegria, tome uma atitude. Com mais consciência de seu ideal de vida no trabalho e de como alcançá-lo, você vai avaliar sua próxima escolha profissional priorizando as coisas certas. **S. S.**

Mantendo o equilíbrio desejado entre vida pessoal e profissional

Nossa vida como casal mudou completamente quando tivemos filhos. Antes de nossa primeira filha nascer, eu imaginava meu estilo de vida ideal da seguinte forma: eu iria acordar renovada, me vestir e deixar o café da manhã pronto antes de as crianças acordarem. Terminaria o trabalho do dia de forma tão rápida e eficiente que sobraria muito tempo para brincar com as crianças. À noite, prepararia o jantar com todo o meu amor e carinho, e então nos sentaríamos para desfrutá-lo juntos, em família. Na hora de ir dormir, eu faria um pouco de ioga e relaxaria antes de adormecer, me sentindo agradavelmente cansada. E, é claro, minha casa estaria sempre arrumada!

Esse era o meu ideal, mas a vida não é assim tão fácil. Depois que dei à luz, fiquei sem tempo e sem espaço emocional. Minhas expectativas e aspirações caíram ao nível de eu me contentar em conseguir escovar os dentes antes de ir dormir e de me sentir aliviada por saber que minhas filhas estavam vivas.

Bebês acordam com frequência e cedo, então eu nunca dormia o suficiente. Estava sempre cansada, o que atrapalhava minha capacidade de concentração, e não conseguia fazer meu trabalho nem as tarefas pessoais a tempo. Tentei manter a casa arrumada e organizada, mas as crianças derrubavam um saco de sal no chão ou abriam as gavetas e bagunçavam meu material de escrita, que era rigidamente separado em compartimentos. Por mais que eu arrumasse tudo, a casa logo voltava a ser uma bagunça.

Uma vez, depois de ensinar às crianças como dobrar as roupas, elas tiraram tudo o que eu tinha arrumado nas gavetas, "dobraram" tudo novamente e colocaram de volta. Para elas, parecia tudo perfeito, mas, obviamente, para mim, não. Tenho certeza de que elas só queriam dobrar elas mesmas as roupas, mas eu não consegui achar nenhuma graça na hora. Reclamei com elas de maneira áspera, para logo depois me censurar por minha impaciência. Essa situação não me trazia nem um pouco de alegria. As coisas só se acalmaram quando elas entraram na escola.

Criar filhos pequenos é uma tarefa árdua, mas me trouxe uma lição valiosa: não tenha a pretensão de manter as coisas perfeitamente arrumadas com crianças pequenas em casa. Ainda assim, fiz questão de manter pelo menos parte do meu espaço pessoal arrumado; por exemplo, as gavetas da mesa no escritório estavam sempre em ordem e a maneira de pendurar as roupas no meu armário me trazia alegria.

Com crianças, nós temos bem menos controle sobre muitos aspectos da vida cotidiana. Por essa razão, é importante fazer com que os espaços sobre os quais temos controle sejam um fator de alegria. Criar um lugar, mesmo que apenas um, que nos traga alegria toda vez que entramos nele pode realmente mudar a forma como nos sentimos.

É comum que pais de crianças pequenas se sintam sobrecarregados, e de fato recebo muitas cartas de pais do mundo todo me pedindo conselhos. Uma das perguntas mais comuns é: "Como posso criar um bom equilíbrio entre vida pessoal e profissional?" Sempre respondo com a seguinte sugestão: "Comece visualizando o que você considera ideal."

Como mencionei, quando Takumi e eu tivemos filhos, nosso equilíbrio entre vida pessoal e profissional mudou drasticamente. Ficou impossível trabalhar longas horas, porque precisávamos gastar mais tempo e energia com nossas meninas. Como não podíamos mais manter o estilo de vida anterior, começamos a conversar sobre o tipo de equilíbrio entre vida pessoal e profissional que nos faria felizes.

Em nosso caso, optamos por priorizar o tempo para nós e para a família, depois fizemos nossa programação de trabalho em torno disso. Naturalmente, isso significava recusar mais projetos que antes, mas abrimos mão dessas oportunidades com gratidão, agradecendo àqueles que nos procuraram e expressando nossa esperança de trabalhar com eles no futuro, se o momento fosse adequado. Isso nos permitiu recarregar nossas baterias, o que, por sua vez, nos ajudou a realizar cada tarefa de forma mais efetiva. Ao estabelecer metas para concluir tarefas específicas em menos de uma hora, por exemplo, aprendemos a nos concentrar intensamente no trabalho durante um período limitado e a produzir resultados em menos tempo.

Minha abordagem para alcançar o equilíbrio adequado entre vida pessoal e profissional é a mesma que uso para a arrumação das coisas. Comece visualizando seu ideal, identifique e valorize as coisas que lhe trazem alegria e descarte com gratidão as que não trazem. Se você sente que a relação entre os dois aspectos não está assim tão equilibrada, pergunte a si mesmo qual seria o equilíbrio perfeito e reexamine a maneira como quer usar seu tempo, considerando os três passos para organizar o trabalho a dois, apresentados nas páginas 206-209.

A alegria no trabalho deixa a vida mais alegre

"Meu trabalho não me dá nenhum tipo de influência social. Trabalho apenas para me sustentar. Falar sobre um trabalho que traz alegria é algo totalmente fora das minhas possibilidades."

Foi isso que uma das minhas clientes me disse. Algumas pessoas que estão lendo este livro podem concordar com ela, mas acredito mesmo que qualquer um pode fazer seu trabalho irradiar alegria.

Quando eu tinha 5 anos, lembro-me de perguntar à minha mãe, uma dona de casa típica:

– Mãe, por que você sempre parece tão feliz quando está fazendo as tarefas domésticas?

– Cuidar da casa é um trabalho muito importante – respondeu ela, com um sorriso. – Como eu preparo as refeições e mantenho a casa em ordem, seu pai pode trabalhar duro e você pode ir à escola e se manter saudável. Essa é uma contribuição muito valiosa para a sociedade, não acha? É por isso que amo meu trabalho.

Seu exemplo me ensinou como o trabalho de uma dona de casa é maravilhoso. Também aprendi que as pessoas contribuem para a sociedade de várias maneiras.

A arrumação pode nos conscientizar do papel vital que cada objeto desempenha em nosso dia a dia. Precisamos não apenas de uma chave de fenda, mas também de parafusos, grandes ou pequenos. Tudo, por mais insignificante que possa parecer, tem uma missão a cumprir e trabalha em conjunto com outras coisas para criar e sustentar um lar.

Com nosso trabalho é a mesma coisa. Todo trabalho é essencial. Ele não precisa ser grandioso. Reflita sobre o seu. Como ele contribui para a empresa como um todo? E como contribui para a sociedade? Encontrar sentido em nossas tarefas diárias faz nosso trabalho valer a pena, e isso traz alegria.

Na verdade, a atitude com que abordamos nosso trabalho é muito mais importante do que o tipo de trabalho que temos. Quando estamos felizes e emanando boas vibrações durante o trabalho, em vez de estressados e irritados, influenciamos positivamente quem está ao redor. Quanto mais pessoas se sentirem assim, mais energia positiva se espalhará, mudando o mundo. Se você transmite uma energia alegre no trabalho que faz, isso já é uma contribuição à sociedade.

Portanto, me diga: você está feliz com seu trabalho? Que tipo de vida profissional realmente deseja?

Estou convencida de que a arrumação é o primeiro e mais efetivo passo para realizar sua visão de uma carreira que lhe traga alegria. Esperamos que você tente colocar em prática as sugestões de organização que oferecemos neste livro, que vão desde a desordem física até a agenda, as redes de contatos e a tomada de decisão. Termine de organizar seu espaço de trabalho, depois dedique-se ao que você ama. A alegria no trabalho deixa a vida mais alegre.

AGRADECIMENTOS DE MARIE

Nas entrevistas, costumavam me dizer: "Tenho certeza de que tudo em sua vida deve lhe trazer alegria." Durante anos não consegui contar que, no meu trabalho, nem sempre as coisas são assim.

A mágica da arrumação foi publicado no Japão em 2010. Eu estava na casa dos 20 anos e acreditava que, por minha obra celebrar a alegria proporcionada pela arrumação, devia ser a Marie Feliz, sempre sorridente. A imagem que eu tinha da vida profissional ideal incluía abrir mão de todos os trabalhos tediosos que não me trouxessem alegria e escolher apenas aqueles que eu amava e que tinham uma conexão direta com a felicidade. Achava que todos os momentos no trabalho deveriam ser prazerosos.

Durante a fase de divulgação do livro, eu realmente gostava do que fazia. Dar entrevistas para revistas e redes de televisão e palestras para grandes plateias se mostrou uma novidade interessante. Era emocionante ver as vendas do livro aumentarem dia após dia. Mas isso só durou até eu não conseguir mais seguir em frente apenas por meus próprios esforços.

As vendas do livro continuaram a crescer, chegando a 1 milhão de exemplares e depois a 10 milhões. O Método

AGRADECIMENTOS DE MARIE

KonMari se espalhou para outras partes do mundo. Fui indicada como uma das 100 Pessoas Mais Influentes do Mundo pela revista *Time*, me mudei para os Estados Unidos, fundei nossa empresa, apresentei uma série produzida pela Netflix que foi exibida em 190 países e cheguei até a andar pelo tapete vermelho tanto no Oscar quanto no Emmy. Mas, à medida que minhas conexões com as outras pessoas se multiplicaram e o trabalho ultrapassou tanto a minha vontade quanto a minha capacidade, a pressão e o estresse me levaram a um ponto em que minha vida profissional não era mais um fator de alegria.

Com o tempo, fui aprendendo a lidar com essa situação e agora me sinto mais confortável diante do público. Mas, para chegar a esse nível, tive que enfrentar muitos desafios, não só nas minhas relações como também na construção de uma ponte entre a realidade e o meu ideal. Escrever este livro me deu a chance de refletir sobre o caminho que percorri e de analisar os momentos bons e ruins, além dos meus erros. Também me fez recordar que o trabalho não é apenas uma maneira de sustentar minha família ou de contribuir para a sociedade, mas um canal para o crescimento e o desenvolvimento pessoal.

Ao longo da última década, eu me tornei bem mais consciente da importância de trabalhar em parceria. Antes, achava que o sucesso era algo que eu tinha conquistado sozinha. Agora, no entanto, sinto-me honrada e grata por nossos muitos colaboradores, incluindo os funcionários no Japão e nos Estados Unidos, os parceiros que trabalham conosco em projetos diferentes, os consultores KonMari que atuam no mundo todo e os fãs do Método KonMari que adotaram nossa filosofia. Embora com atraso, aprendi que as realizações profissionais são construídas com base no esforço acumulado e na cooperação com os outros.

O objetivo da nossa empresa é organizar o planeta – ajudar o maior número possível de pessoas a concluir suas arrumações, escolhendo o que lhes traz alegria para que tenham vidas felizes. Queremos divulgar essa visão para o mundo inteiro. E, embora possa parecer uma meta impossível, estamos determinados a alcançá-la.

Da mesma forma que passei quase duas décadas desenvolvendo o Método KonMari para resolver as dificuldades da arrumação, pretendo trabalhar para concretizar essa visão, passo a passo, durante o tempo que for necessário. *Alegria no trabalho* representa um grande passo para a realização desse sonho.

Sou muito grata a todas as pessoas envolvidas neste projeto, incluindo meu coautor, Scott, nossa editora, Tracy, e nosso agente, Neil, bem como os muitos clientes que compartilharam suas histórias de arrumação. Agradeço a meu marido, Takumi, por seu generoso e inestimável apoio profissional e pessoal, e à minha família.

Desejo a todos que escolheram ler este livro uma vida profissional que lhes traga alegria. Se o que Scott e eu compartilhamos aqui ajudar nesse sentido, ficarei imensamente feliz.

AGRADECIMENTOS DE SCOTT

Já que dedicamos tanto tempo e energia ao trabalho, ele pode e deve ser uma fonte de alegria. Espero que a pesquisa, as histórias e a orientação que compartilhamos ajudem você a realizar as mudanças profissionais e pessoais que merece.

Quando Marie entrou em contato querendo saber mais sobre a minha vida profissional, nunca imaginei que seria coautor deste livro e que teria a oportunidade de ajudar tantas pessoas a serem mais felizes, a terem propósito, controle e sanidade no trabalho. Para quem passou as últimas duas décadas pesquisando, dando consultoria e ensinando as pessoas a tornar o trabalho melhor, trata-se da realização de um sonho. Agradeço a Marie do fundo do coração pela parceria nesta jornada.

Sou grato a muitas pessoas por seu apoio, mas sobretudo à minha esposa, Randi. Seu bom senso e seus conselhos ajudaram a melhorar cada palavra, e seu amparo e seu estímulo tornaram a finalização do livro não só possível como agradável. Compartilhar a experiência com ela nos aproximou ainda mais e esse é um presente que transcende estas páginas.

Minhas duas incríveis assistentes de pesquisa, Amber Szymczyk e Jessica Yi, encontraram as pessoas certas para as entrevistas, ajudaram a localizar exemplos relevantes e realizaram intervenções. Agradeço também a Kristen Schwartz pela indicação de estudos superúteis e a Derren Barken por seus comentários sobre organização digital.

Muito obrigado a Adam Grant, que atuou como "cupido" ao apresentar meu trabalho à equipe de Marie.

Todo livro precisa de um defensor, e meu agente, Richard Pine, desempenhou com habilidade esse papel. Além de seus generosos comentários para estimular minhas ideias e de sua edição para torná-las mais claras, o livro nunca teria sido concluído sem seu bom senso e seus conselhos certeiros.

Meu profundo agradecimento a Tracy Behar e à equipe da Little, Brown Spark, incluindo Jess Chun, Jules Horbachevsky, Sabrina Callahan, Lauren Hesse e Ian Straus. O afiado talento editorial e a inabalável paciência de Tracy permitiram que o livro cruzasse a linha de chegada e fosse além.

Sou incrivelmente abençoado por ter o apoio dos meus colegas na Universidade Rice. Mikki Hebl e Claudia Kolker fizeram comentários valiosos sobre o manuscrito e Jon Miles trouxe muitos insights sobre equipes. Também sou muito grato pelo apoio da Faculdade de Administração, especialmente do reitor Peter Rodriguez e de toda a equipe de marketing, incluindo Kathleen Clark, Kevin Palmer e Weezie Mackey. Um obrigado especial a Laurel Smith e Saanya Bhargava pela assistência nas mídias sociais e a Jeff Falk pela ajuda com a publicidade. Nada me traz mais alegria do que ter tantos colegas fantásticos.

NOTAS

CAPÍTULO 1: POR QUE ARRUMAR AS COISAS?

1. OfficeMax (2011). *2011 Workspace Organization Survey.* multivu.prnewswire.com/mnr/officemax/46659/docs/46659-NewsWorthy_Analysis.pdf (acessado em 11/10/2017).

2. Saxbe, D. E. e Repetti, R. (2010). "No place like home: Home tours correlate with daily patterns of mood and cortisol". *Personality and Social Psychology Bulletin* 36 (1), pp. 71-81.

3. Kastner, S. e Ungerleider, L. G. (2000). "Mechanisms of visual attention in the human cortex". *Annual Review of Neuroscience* 23, pp. 315-341.

4. Brother International (2010). Artigo: "The Costs Associated with Disorganization". https://www.naturallyorganized.com/Brother%20International%20-%20Whitepaper%20on%20Disorganization.pdf (acessado em 9/10/2017).

5   Morrow, P. C. e McElroy, J. C. (1981). "Interior office design and visitor response: A constructive replication". *Journal of Applied Psychology* 66 (5), pp. 646-650; Campbell, D. E. (1979). "Interior office design and visitor response". *Journal of Applied Psychology* 64 (6), pp. 648-653.

6   Vohs, K. D., Redden, J. P. e Rahinel, R. (2013). "Physical order produces healthy choices, generosity, and conventionality, whereas disorder produces creativity". *Psychological Science* 24 (9), pp. 1.860-1.867.

7   Kastner, S. e Ungerleider, L. G. (2000). "Mechanisms of visual attention in the human cortex". *Annual Review of Neuroscience* 23, pp. 315-341.

8   Belk, R., Yong Seo, J. e Li, E. (2007). "Dirty little secret: Home chaos and professional organizers". *Consumption Markets & Culture* 10, pp. 133-140.

9   Raines, A. M., Oglesby, M. E., Unruh, A. S., Capron, D. W. e Schmidt, N. B. (2014). "Perceived control: A general psychological vulnerability factor for hoarding". *Personality and Individual Differences* 56, pp. 175-179.

10 Workfront (2017-2018). *The State of Enterprise Work Report: U.S. Edition.* resources.workfront.com/ebooks--whitepapers/2017-2018-state-of-enterprise-work-report-u-s-edition (acessado em 11/10/2017).

11 Deal, J. J. (2015). Artigo: "Always On, Never Done?

Don't Blame the Smartphone". Center for Creative Leadership.

12 centrify.com/resources/5778-centrify-password-survey-summary (acessado em 04/05/2018).

13 Erwin, J. (29 de maio de 2014). "Email overload is costing you billions – Here's how to crush it". *Forbes*.

14 Perlow, L. A., Hadley, C. N. e Eun, E. (julho-agosto de 2017). "Stop the meeting madness". *Harvard Business Review*. hbr.org/2017/07/stop-the-meeting-madness (acessado em 03/02/2021).

15 en.blog.doodle.com/state-of-meetings-2019 (recuperado em 08/12/2019).

CAPÍTULO 2: SE VOCÊ COSTUMA TER RECAÍDAS

1 Averill, J. R. (1980). "On the paucity of positive emotions". In: Blankstein, K. R., Pliner, P., Polivy, J. (Eds.). *Assessment and Modification of Emotional Behavior. Advances in the Study of Communication and Affect*, vol. 6. Springer, Boston.

CAPÍTULO 3: ORGANIZANDO O ESPAÇO DE TRABALHO

1 Winterich, K. P., Reczek, R. W. e Irwin, Julie R. (2017). "Keeping the memory but not the possession: Memory preservation mitigates identity loss from product disposition". *Journal of Marketing* 81 (5), pp. 104-120.

CAPÍTULO 4: ORGANIZANDO O TRABALHO DIGITAL

1 Bergman, O., Whittaker, S., Sanderson, M., Nachmias, R. e Ramamoorthy, A. (2010). "The effect of folder structure on personal file navigation." *Journal of the American Society for Information Science and Technology* 61 (12), pp. 2.426-2.441.

2 Dewey, C. (3 de outubro de 2016). "How many hours of your life have you wasted on work email? Try our depressing calculator". *The Washington Post.*

3 Workfront (2017-2018). "The State of Enterprise Work Report: U.S. Edition". resources.workfront.com/ebooks-whitepapers/2017-2018-state-of-enterprise-work-report-u-s-edition (acessado em 11/10/2017).

4 Mark, G., Iqbal, S. T., Czerwinski, M., Johns, P., Sano, A. e Lutchyn, Y. (maio de 2016). "Email duration, batching and self-interruption: Patterns of email use on productivity and stress". In: *Proceedings of the 2016 CHI Conference on Human Factors in Computing Systems* (pp. 1.717-1.728). Nova York: ACM Press.

5 Whittaker, S. e Sidner, C. (1996). "Email overload: Exploring personal information management of email". *Proceedings of the 1996 CHI*. Nova York: ACM Press, pp. 276-283.

6 Iqbal, S. T. e Horvitz, E. (2007). "Disruption and recovery of computing tasks: Field study, analysis, and

directions". In: *Proceedings of the SIGCHI Conference on Human Factors in Computing Systems*. Nova York: ACM Press.

7 Bälter, O. (2000). "Keystroke level analysis of email message organization". In: *Proceedings of the CHI 2000 Conference on Human Factors in Computing Systems*. Nova York: ACM Press.

8 Ibid., pp. 105-112.

9 Andrews, S., Ellis, D. A., Shaw, H. e Piwek, L. (2015). "Beyond self-report: Tools to compare estimated and real-world smartphone use". *PloS One* 10 (10), e0139004.

10 Ward, A. F., Duke, K., Gneezy, A. e Bos, M. W. (2017). "Brain drain: The mere presence of one's own smartphone reduces available cognitive capacity". *Journal of the Association for Consumer Research* 2 (2), pp. 140-154.

11 Glass, A. L. e Kang, M. (2018). "Dividing attention in the classroom reduces exam performance". *Educational Psychology*, 39(3), pp. 395-408.

12 bankmycell.com/blog/cell-phone-usage-in-toilet--survey#jump1 (acessado em 11/06/2019).

CAPÍTULO 5: ORGANIZANDO O TEMPO

1 Workfront (2017-2018). *The State of Enterprise Work Report: U.S. Edition*. resources.workfront.com/ebooks-whitepapers/2017-2018-state-of-enterprise-work-report-u-s-edition (acessado em 11/10/2017).

2 Hsee, C. K., Zhang, J., Cai, C. F. e Zhang, S. (2013). "Overearning". *Psychological Science* 24 (6), pp. 852-859.

3 Mintzberg, H. (1973). *The Nature of Managerial Work*. Nova York: Harper and Row.

4 Guest, R. H. (1956). "Of time and the foreman". *Personnel* 32, pp. 478-486.

5 Stewart, R. (1967). *Managers and Their Jobs*. Londres: Macmillan.

6 ABC News. Estudo: "U.S. Workers Burned Out". abcnews.go.com/US/story?id=93295&page=1 (acessado em 11/10/2017).

7 Zhu, M., Yang, Y. e Hsee, C. K. (outubro de 2018). "The mere urgency effect". *Journal of Consumer Research* 45(3), pp. 673-690.

8 apa.org/research/action/multitask.aspx (acessado em 08/08/2018).

9 Mark, G., Iqbal, S. T., Czerwinski, M., Johns, P. e

Sano, A. (maio de 2016). "Neurotics can't focus: An in situ study of online multitasking in the workplace". In: *Proceedings of the 2016 CHI Conference on Human Factors in Computing Systems* (pp. 1.739-1.744). Nova York: ACM Press.

10 Ophir, E., Nass, C. e Wagner, A. D. (2009). "Cognitive control in media multitaskers". In: *Proceedings of the National Academy of Sciences of the United States of America* 106 (37), pp. 15.583-15.587.

11 Rubinstein, J. S., Meyer, D. E. e Evans, J. E. (2001). "Executive control of cognitive processes in task switching. *Journal of Experimental Psychology: Human Perception and Performance* 27 (4), p. 763.

12 Sanbonmatsu, D. M., Strayer, D. L., Medeiros-Ward, N. e Watson, J. M. (2013). "Who multi-tasks and why? Multitasking ability, perceived multi-tasking ability, impulsivity, and sensation seeking". *PloS One* 8 (1), e54402.

13 Mangen, A. (2017). "Textual reading on paper and screens". In: A. Black, P. Luna, O. Lund e S. Walker (Eds.). *Information Design: Research and Practice* (pp. 275-289). Nova York: Routledge.

14 O'Brien, Katharine Ridgway. "Just Saying 'No': An Examination of Gender Differences in the Ability to Decline Requests in the Workplace". Dissertação de doutorado, Universidade Rice, 2014. hdl.handle.net/1911/77421 (acessado em 11/12/2019).

15 Wrzesniewski, A. e Dutton, J. E. (2001). "Crafting a job: Revisioning employees as active crafters of their work". *Academy of Management Review* 26 (2), pp. 179-201.

16 Jett, Q. R. e George, J. M. (2003). "Work interrupted: A closer look at the role of interruptions in organizational life". *Academy of Management Review* 28 (3), pp. 494-507.

17 Csikszentmihalyi, M. e Sawyer, K. (1995). "Creative insight: The social dimension of a solitary moment". In: R. J. Sternberg e J. E. Davidson (Eds.), *The Nature of Insight* (pp. 329-363). Cambridge: MIT Press.

18 Elsbach, K. D. e Hargadon, A. B. (2006). "Enhancing creativity through 'mindless' work: A framework of workday design". *Organization Science* 17 (4), pp. 470-483.

CAPÍTULO 6: ORGANIZANDO AS DECISÕES

1 go.roberts.edu/leadingedge/the-great-choices-of-strategic-leaders (acessado em 22/08/2018).

2 ted.com/talks/sheena_iyengar_choosing_what_to_choose/transcript (recuperado em 22/08/2018).

3 entrepreneur.com/article/244395 (acessado em 07/09/2018).

4   Iyengar, S. S. e Lepper, M. R. (2000). "When choice is demotivating: Can one desire too much of a good thing?". *Journal of Personality and Social Psychology* 79 (6), pp. 995-1.006.

5   Scheibehenne, B., Greifeneder, R. e Todd, P. M. (2010). "Can there ever be too many options? A metaanalytic review of choice overload". *Journal of Consumer Research* 37 (3), pp. 409-425.

6   Chernev, A. (2003)."Product assortment and individual decision processes". *Journal of Personality and Social Psychology* 85 (1), pp. 151-162.

7   Staw, B. M. (1981). "The escalation of commitment to a course of action". *Academy of Management Review* 6 (4), pp. 577-587.

CAPÍTULO 7: ORGANIZANDO A REDE DE CONTATOS

1   Roberts, G. B., Dunbar, R. M., Pollet, T. V. e Kuppens, T. (2009). "Exploring variation in active network size: Constraints and ego characteristics. *Social Networks* 31 (2), pp. 138-146.

2   Hill, R. A. e Dunbar, R. I. (2003). "Social network size in humans". *Human Nature* 14, pp. 53-72.

3   arxiv.org/abs/0812.1045 (acessado em 28/08/2018).

4   Kross, E., Verduyn, P., Demiralp, E. et al. (14 de agosto de 2013). "Facebook use predicts declines in subjective well-being in young adults". *PLoS One*, 8 (8): e69841; Lee, S. Y. (março de 2014). "How do people compare themselves with others on social network sites? The case of Facebook". *Computers in Human Behavior* 32, pp. 253-260.

5   Stephens, J. P., Heaphy, E. e Dutton, J. E. (2011). "High-quality connections". In: *The Oxford Handbook of Positive Organizational Scholarship* (pp. 385-399); Dutton, J. E. (2006). *Energize Your Workplace: How to Create and Sustain High-Quality Connections at Work*. John Wiley & Sons.

6   Dutton, J. E. (2014). "Build high-quality connections". In: Dutton, J. E. e Spreitzer, G. M. (Eds.), *How to Be a Positive Leader: Small Actions, Big Impact* (pp. 11-21). São Francisco: Berrett-Koehler Publishers.

7   Mainemelis, C. e Ronson, S. (2006). "Ideas are born in fields of play: Towards a theory of play and creativity in organizational settings". *Research in Organizational Behavior* 27, pp. 81-131.

CAPÍTULO 8: ORGANIZANDO AS REUNIÕES

1   Rogelberg, S. G., Allen, J. A., Shanock, L., Scott, C. e Shuffler, M. (2010). "Employee satisfaction with meetings: A contemporary facet of job satisfaction". *Human Resource Management* 49 (2), pp. 149-172.

2   Workfront (2017-2018). *The State of Enterprise Work Report: U.S. Edition.* resources.workfront.com/ebooks-whitepapers/2017-2018-state-of-enterprise-work-report-u-s-edition (acessado em 11/10/2017).

3   Lehmann-Willenbrock, N., Allen, J. A. e Belyeu, D. (2016). "Our love/hate relationship with meetings: Relating good and bad meeting behaviors to meeting outcomes, engagement, and exhaustion". *Management Research Review* 39 (10), pp. 1.293-1.312.

4   Langer, E. J., Blank, A. e Chanowitz, B. (1978). "The mindlessness of ostensibly thoughtful action: The role of 'placebic' information in interpersonal interaction". *Journal of Personality and Social Psychology* 36 (6), pp. 635-642.

5   Tamir, D. I. e Mitchell, J. P. (2012). "Disclosing information about the self is intrinsically rewarding". *Proceedings of the National Academy of Sciences* 109 (21), pp. 8.038-8.043.

6   Kauffeld, S. e Lehmann-Willenbrock, N. (2012). "Meetings matter: Effects of team meetings on team and organizational success". *Small Group Research* 43 (2), pp. 130-158.

7   Smith, K. G., Smith, K. A., Olian, J. D., Sims Jr, H. P., O'Bannon, D. P. e Scully, J. A. (1994). "Top management team demography and process: The role of social

integration and communication". *Administrative Science Quarterly* 39 (3), pp. 412-438.

8   Karr-Wisniewski, P. e Lu, Y. (2010). "When more is too much: Operationalizing technology overload and exploring its impact on knowledge worker productivity. *Computers in Human Behavior* 26, pp. 1.061-1.072.

9   Kerr, N. L. e Tindale, R. S. (2004). "Group performance and decision making". *Annual Review of Psychology* 55, pp. 623-655.

10 Luong, A. e Rogelberg, S. G. (2005). "Meetings and more meetings: The relationship between meeting load and the daily well-being of employees". *Group Dynamics: Theory, Research, and Practice* 9 (1), pp. 58-67.

11 Knight, A. P. e Baer, M. (2014). "Get up, stand up: The effects of a non-sedentary workspace on information elaboration and group performance". *Social Psychological and Personality Science* 5 (8), pp. 910-917.

12 Taparia, N. (19 de junho de 2014). "How standing cut our meeting times by 25%". *Forbes*.

CAPÍTULO 9: ORGANIZANDO AS EQUIPES

1   Wrzesniewski, A. e Dutton, J. E. (2001). "Crafting a job: Revisioning employees as active crafters of their work". *Academy of Management Review* 26 (2), pp. 179-201.

2   Harvey, S., Kelloway, E. K. e Duncan-Leiper, L. (2003). "Trust in management as a buffer of the relationships between overload and strain". *Journal of Occupational Health Psychology* 8 (4), p. 306.

3   Dirks, K. T. (1999). "The effects of interpersonal trust on work group performance". *Journal of Applied Psychology* 84 (3), pp. 445-455.

4   Gigone, D. e Hastie, R. (1993). "The common knowledge effect: Information sharing and group judgment". *Journal of Personality and Social Psychology* 65 (5), pp. 959-974.

5   Stasser, G. e Titus, W. (1985). "Pooling of unshared information in group decision making: Biased information sampling during discussion". *Journal of Personality and Social Psychology* 48 (6), pp. 1.467-1.478.

6   VanGundy, A. B. (1984). "Brainwriting for new product ideas: An alternative to brainstorming". *Journal of Consumer Marketing* 1 (2), pp. 67-74.

7   Simons, T. L. e Peterson, R. S. (2000). "Task conflict and relationship conflict in top management teams: The pivotal role of intragroup trust". *Journal of Applied Psychology* 85 (1), pp. 102-111.

8   Weingart, L. R., Brett, J. M., Olekalns, M. e Smith, P. L. (2007). "Conflicting social motives in negotiating

groups". *Journal of Personality and Social Psychology* 93 (6), pp. 994-1.010.

9   Hackman, J. R. e Vidmar, N. (1970). "Effects of size and task type on group performance and member reactions". *Sociometry*, 37-54; Hackman, J. R. (2002) *Leading Teams: Setting the Stage for Great Performances*. Harvard Business Press.

CAPÍTULO 10: COMPARTILHANDO A MÁGICA DA ARRUMAÇÃO

1   Ramos, J. e Torgler, B. (2012). "Are academics messy? Testing the broken windows theory with a field experiment in the work environment". *Review of Law and Economics* 8 (3), pp. 563-577.

2   greatergood.berkeley.edu/images/uploads/Gratitude FullResults_FINAL1pdf.pdf (acessado em 07/06/2019).

3   Fehr, R., Zheng, X., Jiwen Song, L., Guo, Y. e Ni, D. (2019). "Thanks for everything: A quasi-experimental field study of expressing and receiving gratitude". Documento de trabalho preliminar.

CAPÍTULO 11: COMO DESPERTAR AINDA MAIS ALEGRIA NO TRABALHO

1   Baumeister, R. F., Bratslavsky, E., Finkenauer, C. e Vohs, K. D. (2001). "Bad is stronger than good". *Review of General Psychology* 5(4), pp. 323-370.

2   Stoeber, J., Hutchfield, J. e Wood, K. V. (2007). "Perfectionism, self-efficacy, and aspiration level: Differential effects of perfectionistic striving and self-criticism after success and failure". *Personality and Individual Differences* 45 (4), pp. 323-327.

SOBRE OS AUTORES

MARIE KONDO é especialista em arrumação, além de autora bem-sucedida. Foi indicada ao Emmy por sua série na Netflix e é fundadora da KonMari Media. Fascinada desde a infância por organizar as coisas, Marie começou seu negócio de consultoria em arrumação aos 19 anos, quando estava na universidade, em Tóquio. Hoje, ela é uma especialista em arrumação de renome mundial e ícone da cultura pop que ajuda as pessoas a transformar suas casas bagunçadas em espaços de serenidade e inspiração.

Marie foi eleita pela revista *Time* uma das 100 Pessoas Mais Influentes do Mundo em 2015 e seu trabalho foi tema de artigos em milhares de publicações internacionais e de inúmeros programas de rádio e de televisão.

SCOTT SONENSHEIN é professor de Administração na Universidade Rice. Graduado em Administração pela Universidade da Virginia, é Ph.D. em Comportamento Organizacional pela Universidade de Michigan e mestre em Filosofia pela Universidade de Cambridge. Sua pesquisa premiada, suas aulas e palestras ajudam as pessoas a ter mais propósito, satisfação e sucesso ao liberar sua criatividade e suas habilidades. Scott trabalhou como consultor em estratégia antes de atuar no grupo de marketing de uma startup do Vale do Silício. Ele escreve para o jornal *The New York Times* e para as revistas *Time*, *Fast Company* e *Harvard Business Review*.

CONHEÇA OS LIVROS DE MARIE KONDO

A mágica da arrumação
Isso me traz alegria
Alegria no trabalho

Para saber mais sobre os títulos e autores da Editora Sextante,
visite o nosso site e siga as nossas redes sociais.
Além de informações sobre os próximos lançamentos,
você terá acesso a conteúdos exclusivos
e poderá participar de promoções e sorteios.

sextante.com.br